Algorithmisch personalisierte Nachrichtenkanäle

Wolfgang Schweiger · Patrick Weber
Fabian Prochazka · Lara Brückner

Algorithmisch personalisierte Nachrichtenkanäle

Begriffe, Nutzung, Wirkung

Wolfgang Schweiger
Universität Hohenheim
Stuttgart, Deutschland

Patrick Weber
Universität Hohenheim
Stuttgart, Deutschland

Fabian Prochazka
Universität Hohenheim
Stuttgart, Deutschland

Lara Brückner
Universität Hohenheim
Stuttgart, Deutschland

ISBN 978-3-658-24061-5   ISBN 978-3-658-24062-2 (eBook)
https://doi.org/10.1007/978-3-658-24062-2

Die Deutsche Nationalbibliothek verzeichnet diese Publikation in der Deutschen National-
bibliografie; detaillierte bibliografische Daten sind im Internet über http://dnb.d-nb.de abrufbar.

Springer VS
© Springer Fachmedien Wiesbaden GmbH, ein Teil von Springer Nature 2019
Das Werk einschließlich aller seiner Teile ist urheberrechtlich geschützt. Jede Verwertung, die
nicht ausdrücklich vom Urheberrechtsgesetz zugelassen ist, bedarf der vorherigen Zustimmung
des Verlags. Das gilt insbesondere für Vervielfältigungen, Bearbeitungen, Übersetzungen,
Mikroverfilmungen und die Einspeicherung und Verarbeitung in elektronischen Systemen.
Die Wiedergabe von Gebrauchsnamen, Handelsnamen, Warenbezeichnungen usw. in diesem
Werk berechtigt auch ohne besondere Kennzeichnung nicht zu der Annahme, dass solche
Namen im Sinne der Warenzeichen- und Markenschutz-Gesetzgebung als frei zu betrachten
wären und daher von jedermann benutzt werden dürften.
Der Verlag, die Autoren und die Herausgeber gehen davon aus, dass die Angaben und Informa-
tionen in diesem Werk zum Zeitpunkt der Veröffentlichung vollständig und korrekt sind.
Weder der Verlag, noch die Autoren oder die Herausgeber übernehmen, ausdrücklich oder
implizit, Gewähr für den Inhalt des Werkes, etwaige Fehler oder Äußerungen. Der Verlag bleibt
im Hinblick auf geografische Zuordnungen und Gebietsbezeichnungen in veröffentlichten Karten
und Institutionsadressen neutral.

Springer VS ist ein Imprint der eingetragenen Gesellschaft Springer Fachmedien Wiesbaden GmbH
und ist ein Teil von Springer Nature
Die Anschrift der Gesellschaft ist: Abraham-Lincoln-Str. 46, 65189 Wiesbaden, Germany

Inhalt

1 Einleitung und Forschungsziel 1

2 Algorithmisch personalisierte Nachrichtenkanäle 7
   2.1 Definition, Typen und Begriffe 7
   2.2 Wirkungen: Konkurrenz- und Personalisierungseffekte 14
   2.3 Zwischenfazit 24

3 APN-Nutzungsanteil – Konstrukt und Messung 27
   3.1 Forschungsstand und Forschungsfragen 27
   3.2 Methode 31
   3.3 Ergebnisse 35
   3.4 Zwischenfazit 38

4 APN-Nutzungsanteil und Personenmerkmale 41
   4.1 Forschungsstand, Forschungsfragen und Hypothesen 42
   4.2 Methode 56
   4.3 Ergebnisse 59
   4.4 Zwischenfazit 69

5 APN-Nutzungsanteil, politische Einstellungen und Polarisierung 73
   5.1 Meinungspolarisierung als weltweiter Trend 73
   5.2 Forschungsstand und Forschungsfragen 75
   5.3 Methode 84
   5.4 Ergebnisse 89
   5.5 Zwischenfazit 103

6 Schluss 109
  6.1 Ausgangspunkte der Studie 109
  6.2 Zentrale Befunde 111
  6.3 Ausblick und gesellschaftspolitische Folgerungen 119

Literatur 127

Einleitung und Forschungsziel 1

Demokratien sind auf informierte Bürger angewiesen, die über relevante gesellschaftliche Probleme orientiert sind, sie zumindest grundsätzlich verstehen und die Lösungsvorschläge verschiedener politischer Akteure kennen. Nur mündige Bürger, die über ein Minimum politischer Bildung und einen integrierten Nachrichtenüberblick verfügen (Schweiger, 2017, S. 34), können sich eine einigermaßen begründete politische Meinung bilden, sich am öffentlichen Diskurs beteiligen und schließlich kompetent wählen. Einen umfassenden Nachrichtenüberblick vermitteln traditionell journalistische Nachrichtenmedien (Fernsehen, Radio, Printmedien und Online-Nachrichten) mit ihrem Anspruch einer unabhängigen, wahrheitsgemäßen, ausgewogenen und integrierten Berichterstattung über alle relevanten Themen, Akteure, Argumente und Meinungen.

In den letzten Jahren sind im Internet zahlreiche Informationsquellen dazugekommen, die sich direkt an ihre Zielgruppen richten: Alternative Medien, Unternehmen, Politiker, Parteien, sonstige Interessensvertreter und engagierte Bürger verbreiten ihre Aussagen ohne die früher nötige Vermittlung durch journalistische Medien („Disintermediation', Neuberger, 2009, S. 39). Zeitgleich mit der dynamischen Vervielfachung online verfügbarer Quellen und Inhalte haben Plattformen an Reichweite und Relevanz gewonnen, die Nutzern diese Überfülle durch algorithmische Personalisierung zugänglich machen (Napoli, 2014, S. 345). Die wichtigsten Angebotstypen sind Suchmaschinen (vor allem Google), Social Network Sites (SNS; z. B. Facebook, Twitter, Instagram), sowie Videoportale (vor allem YouTube). Diese Angebote produzieren kaum eigenen Content. Sie bringen die Inhalte ihrer Nutzer sowie Inhalte externer Quellen zusammen und vermitteln damit zwischen Nutzern und Informationsquellen, weshalb man im deutschsprachigen Raum häufig von *Intermediären* spricht (siehe Kapitel 2.1). Ein weiterer Angebotstypus sind Nachrichten-Aggregatoren wie Google News. Sie sammeln Nachrichtenbeiträge aus journalistischen Online-Medien, versehen sie mit Metadaten und präsentieren ihren Nutzern eine ebenfalls personalisierte

Zusammenstellung. In den letzten Jahren haben zudem mobile Apps an Reichweite gewonnen. Sie sind häufig im Betriebssystem von Smartphones vorinstalliert und dienen dort als unmittelbar verfügbare Nachrichten-Aggregatoren. Upday vom Axel-Springer-Verlag beispielsweise findet sich auf Smartphones von Samsung und ist eines der meistgenutzten Nachrichtenangebote in Deutschland. Schließlich existiert eine Fülle mobiler Nachrichten-Apps journalistischer Medien, deren Nachrichtenauswahl sich ebenfalls häufig personalisieren lässt. Sie enthalten Inhalte der eigenen Medienmarken, teilweise auch Nutzerkommentare sowie gelegentlich externe Inhalte.

Obwohl viele dieser Angebote (wie etwa Google, Facebook oder YouTube) ursprünglich nicht zur Verbreitung bzw. Rezeption gesellschaftsrelevanter Nachrichten entwickelt wurden, stellen sie heute für viele Bürger wichtige Nachrichtenkanäle dar. Ein Drittel der Deutschen nutzt täglich mindestens eine intermediäre Plattform, um sich über das aktuelle Zeitgeschehen in Politik und anderen gesellschaftlichen Bereichen zu informieren (Ecke, 2017). Google und Facebook sind die meistgenutzten Kanäle; doch auch algorithmisch personalisierte Nachrichten-Apps gewinnen rasant an Bedeutung (Schröder, 2017). Upday war beispielsweise im Oktober 2017 laut IVW erstmals das meistbesuchte deutsche Nachrichtenangebot.[1]

Alle genannten Angebotstypen lassen sich zusammenfassend als *algorithmisch personalisierte Nachrichtenkanäle*, kurz: *APN*, bezeichnen. Sie zeigen Nutzern bevorzugt solche Inhalte an, die für sie relevant und interessant sind. Die Nutzer können solche Quellen, Inhalte oder Inhaltskategorien auswählen, die sie mögen oder die sie interessieren. APN erlauben aber nicht nur eine dauerhafte Filterung gemäß einer ursprünglichen Nutzerauswahl, sondern verstärken diese Personalisierung mittels nutzungsbezogener Parameter und Algorithmen (ausführlich in Kapitel 2.1). Erst durch diese leistungsfähige, ‚intelligente' und prognostische Personalisierung ist die Informationsflut im Netz wirklich zu bewältigen (Sundar & Marathe, 2010, S. 299). Eben darin liegt die Attraktivität algorithmisch personalisierter Nachrichtenkanäle für ihre Nutzer.

Aus gesellschaftlicher bzw. demokratietheoretischer Sicht mehren sich hingegen Bedenken gegenüber der wachsenden Bedeutung von APN als Informations- und Nachrichtenkanäle. Denn die Auswahl von Beiträgen durch Nutzer und Algorithmen nach Sympathie und Interesse geht einher mit einer Bevorzugung von Inhalten, die unterschiedlichen politischen Einstellungen und Weltbildern entsprechen und von strukturell ähnlichen Gruppen bzw. ähnlich gesinnten Personen stammen (Homophilie sozialer Netzwerke). Diskutiert werden mögliche negative Folgen wie

---

[1] http://www.horizont.net/medien/nachrichten/IVW-Online-im-Oktober-Upday-ist-neue-Nummer-1---trotz-Rekordwert-fuer-Bild-162521 (9.11.2017)

1 Einleitung und Forschungsziel

Filterblasen, Echokammern, Desinformation und als Konsequenz eine Spaltung der Gesellschaft in Gruppen mit unterschiedlichen Interessen, Einstellungen und Informationsquellen, die einander aufgrund unterschiedlicher politischer Informiertheit immer fremder werden und kaum mehr miteinander in Diskurs treten.[2] Diese Befürchtungen werden auch von politischen und journalistischen Akteuren mit wachsender Besorgnis beobachtet. Auf der EU-Ebene legte die „High Level Group on Media Freedom and Pluralism" bereits 2013 einen Bericht vor, der vor Filterblasen und einer Fragmentierung der Gesellschaft warnt (Vīķe-Freiberga, Däubler-Gmelin, Hemmersley, & Poiares Pessoa Maduro, 2013, S. 31). Im Fokus der Debatte stehen zunehmend die Funktionsweisen und Effekte von Algorithmen. Unklar ist derzeit allerdings, wie bedrohlich die algorithmische Personalisierung gesellschaftsrelevanter Inhalte und die von ihr ausgelösten Effekte für die individuelle Informiertheit und Meinungsbildung sowie die gesamte Gesellschaft sind (vgl. den Überblick in Kapitel 2.2).

Aus unserer Sicht lassen sich mehrere Gründe für diese Unsicherheit anführen: Erstens fehlt sowohl in der Kommunikationswissenschaft als auch in der öffentlichen Debatte eine klare Vorstellung davon, *was* eigentlich genutzt wird und womöglich wirkt: Da ist wahlweise vom Internet die Rede, von Social Media, Aggregatoren, Facebook oder eben von Intermediären. Die Urheber von Nachrichten, die Kanäle, über die diese Verbreitung finden, und die Algorithmen, die die Verbreitung steuern, werden kaum analytisch getrennt. Selbst die Frage, was Filterblasen und Echokammern sind und wie sie entstehen, wird häufig indifferent behandelt. Das liegt vermutlich an einem noch unzureichenden Verständnis von Forschern und Diskutanten für die technischen Prozesse. Es liegt aber auch daran, dass die Kommunikationswissenschaft über Jahrzehnte terminologisch auffallend nachlässig und unscharf geblieben ist. So existiert bis heute im Fach keine Einigkeit darüber, was eigentlich ein Kommunikator ist: der Urheber einer Aussage, der Journalist oder der PR-Schaffende, der sie inhaltlich darstellt, die Redaktion, die diese Darstellung auswählt und in ein Medienangebot aufnimmt, die technischen Entwickler oder Inhaber des Medienangebots – oder sind es gar die Bürger, die die Aussage in den sozialen Netzwerken verbreiten? Wir werden deshalb das aus unserer Sicht zentrale Konstrukt *algorithmisch personalisierter Nachrichtenkanäle* (APN) definieren, beschreiben und mögliche Wirkungsmechanismen erläutern. Dabei ist vor allem eine saubere Unterscheidung von Nachrichtenquellen und Nachrichtenkanälen hilfreich (Kapitel 2.1).

---

2 Vgl. den Versuch einer umfassenden Darstellung bei Schweiger (2017), an dessen theoretische Überlegungen der vorliegende Band empirisch anknüpft.

Auf dieser Basis können wir die zweite Frage angehen, die zur Klärung möglicher Implikationen ebenfalls unumgänglich ist: Niemand weiß derzeit, in welchem Umfang sich Bürger über APN informieren, also über solche Nachrichtenkanäle, deren Nachrichtenauswahl bzw. -präsentation teilweise oder vollständig algorithmisch personalisiert erfolgt. Und wie viel Zeit sie mit Nachrichtenkanälen verbringen, die *keine* Algorithmen verwenden, *nicht* personalisiert sind und deshalb keine der genannten Gefahren in sich bergen. Unsere Grundannahme lautet dabei, dass mit zunehmendem APN-Nutzungsanteil auch die Wahrscheinlichkeit negativer Effekte steigt. Ein präzises Messinstrument zur Erfassung des individuellen APN-Nutzungsanteils an der gesamten individuellen Nachrichtennutzung existiert bislang nicht. Die vorliegende Studie schlägt ein möglichst einfaches und valides Messinstrument für den individuellen Nutzungsanteil von APN vor. Dieses wurde in einer repräsentativen Online-Befragung unter deutschen Onlinern[3] eingesetzt und getestet (Kapitel 3). Erst wenn wir wissen, wieviel Zeit auf die Nutzung von APN auf der einen Seite und auf die Nutzung von nicht-personalisierten Nachrichtenkanälen auf der anderen Seite entfällt, können wir konkret nach möglichen Effekten der algorithmischen Personalisierung forschen.

Was diese Studie nicht leisten kann und will, ist eine detaillierte Analyse individuell rezipierter Inhalte. Da die Effekte algorithmischer Personalisierung immer davon abhängen, wie Bürger konkret mit entsprechenden Angeboten umgehen, wäre es wünschenswert nachzuvollziehen, welche Bürger in APN und anderen Nachrichtenkanälen mit welchen Quellen und Inhalten in Kontakt kommen. Das illustriert ein einfaches Beispiel: Wer auf Facebook nur politisch linke Medien abonniert hat und nur linke Freunde hat, dem wird der Algorithmus weit überwiegend linke Inhalte anzeigen. Eine solche Person befindet sich eindeutig in einer linken Filterblase. Wer hingegen weltoffener ist und auf Facebook und anderen APN mit Medien und Freunden unterschiedlicher Couleur verbunden ist, wird dort einen gänzlich anderen Newsfeed sehen und weniger anfällig für etwaige Filterblasen-Effekte sein. So wünschenswert es also für die Forschung wäre, *alle* Kontakte von Rezipienten mit Nachrichten in *allen* Kanälen zu kennen, so aufwändig bis unmöglich wäre das Unterfangen: Eine solche Studie müsste für eine idealerweise repräsentative Personenstichprobe nicht nur alle individuellen Nachrichtenkontakte in APN erheben, sondern auch alle Nachrichtenkontakte im nicht-personalisierten Internet, in allen anderen Mediengattungen (Fernsehen,

---

3   Da APN auf Algorithmen und digitalisierte Inhalte angewiesen sind, existieren sie ausschließlich im Internet. Damit ist der APN-Nutzungsanteil nur für die Grundgesamtheit der Internetnutzer zu untersuchen; bei Internet-Nichtnutzern liegt er per definitionem bei null.

Radio, Printmedien) und schließlich auch alle Gespräche über Nachrichten. Der Erhebungsaufwand wäre enorm und würde sich trotzdem kaum lohnen, weil sich die Beschaffenheit individueller Nachrichtenkontakte durch den permanenten Medienwandel dynamisch verändert.

Sinnvoller erscheint uns demnach ein anderer Weg, den wir in dieser Analyse beschreiten: Wir gehen davon aus, das APN unterschiedliche Filterblaseneffekte verursachen, weil Individuen nicht nur verschiedene Interessen und Meinungen haben, sondern auch unterschiedlich tolerant gegenüber einstellungsdissonanten Nachrichten sind. Manche Menschen suchen gar bewusst nach Inhalten, die ihr persönliches Weltbild auf die Probe stellen. Deshalb sollte man diese und vergleichbare Persönlichkeitseigenschaften in ein umfassendes Untersuchungsmodell aufnehmen. Wir analysieren dabei nicht nur Einstellungen, Interessen oder das individuelle Bedürfnis nach meinungskonsonanten Inhalten und kognitiver Geschlossenheit, sondern möglichst viele relevante soziodemografische, psychologische, politik- und medienbezogene Personenmerkmale. Damit können wir in einem ersten Schritt empirisch bestimmen, welche Bevölkerungsgruppen APN besonders intensiv nutzen und für bestimmte Effekte zumindest anfällig sind. Im zweiten Schritt begeben wir uns auf die Suche nach messbaren Zusammenhängen zwischen dem APN-Nutzungsanteil und problematischen Effekten und können so nachvollziehen, welche Bedeutung Personenmerkmale dabei haben (Moderationseffekte). Es wird sich zeigen, dass die intensive Nutzung von APN nur bei bestimmten Individuen oder Gesellschaftsgruppen mit Polarisierungstendenzen einhergeht. Damit sind die Ziele der Studie umrissen:

1. Wir wollen zunächst *deskriptiv ausweisen*, wieviel Zeit eine Person auf die Nachrichtennutzung über algorithmisch personalisierte Kanäle verwendet – und zwar im Verhältnis zur gesamten Nachrichtennutzungsdauer. Unsere Befunde vergleichen wir zur Außenvalidierung mit den Ergebnissen anderer Studien (Kapitel 3).
2. Danach identifizieren wir empirisch die *Personenmerkmale*, die die Nutzung von APN prägen oder mit ihr zusammenhängen. Das tun wir auf der Grundlage einer Sichtung des Forschungsstandes sowie, soweit bisherige Theorien und Befunde fehlen, auch auf der Basis eigener plausibler Annahmen (Kapitel 4).
3. Aus den soeben angerissenen demokratietheoretisch bedenklichen Phänomenen greifen wir die *Polarisierung von Meinungen* heraus und untersuchen sie anhand unterschiedlicher politischer Themen (Kapitel 5).
4. Abschließend fassen wir die zentralen Befunde der Studie zusammen und diskutieren mögliche medienpädagogische und medien- bzw. netzpolitische Konsequenzen und Regulierungsansätze.

Algorithmisch personalisierte Nachrichtenkanäle

2.1 Definition, Typen und Begriffe

Zunächst wollen wir algorithmisch personalisierte Nachrichtenkanäle eingehender definieren, ihre Relevanz begründen sowie einige Begriffe klären. Die kommunikationswissenschaftliche Literatur zu dem Thema scheint gespalten: Deutschsprachige Beiträge beziehen sich häufig auf *Intermediäre* als algorithmische Informationsvermittler (Neuberger, 2014; Lischka & Stöcker, 2017; Schmidt et al., 2017; Stark, Magin, & Jürgens, 2017). Die internationale Forschung betont hingegen den Aspekt der *algorithmischen Personalisierung* (z. B. Thurman & Schifferes, 2012; Beam, 2014; Napoli, 2014; Borgesius Zuiderveen et al., 2016).

Algorithmische Personalisierung

Zunächst zur *Personalisierung*. Personalisierte Angebote in ihrer einfachsten Form ermöglichen es Nutzern, aus einem meist riesigen Angebot an Inhalten in einmaligen Handlungen aktiv und bewusst Themen oder Quellen auszuwählen, deren Inhalte sie zukünftig angezeigt bekommen.[4] Diese *nutzergesteuerte Personalisierung* kommt ohne intelligente Algorithmen aus und wird in der Literatur wahlweise als „user-initiated customization (UIC)" (Sundar & Marathe, 2010, S. 300), „customization" (Beam, 2014, S. 1019), „self-selected personalisation" (Borgesius

---

[4] Die Idee zu dieser einfachen Variante von Personalisierung entstand bereits Mitte der 1990er-Jahre als ‚Daily me' (Negroponte, 1995; Riefler, 1996). Sie konnte sich damals nicht durchsetzen, wohl weil die Nutzung solcher Angebote eine explizite Nutzeranmeldung beim System erforderte, die von vielen als zu aufwändig und datenschutzrechtlich problematisch empfunden wurde. Heutige Online-Systeme und Browser unterstützen eine automatische bzw. dauerhafte Nutzeridentifikation, so dass diese Hürde kein Problem mehr darstellt. Ihren Siegeszug begann diese Form von Personalisierung mit RSS-Feeds und Podcasts.

© Springer Fachmedien Wiesbaden GmbH, ein Teil von Springer Nature 2019
W. Schweiger et al., *Algorithmisch personalisierte Nachrichtenkanäle*,
https://doi.org/10.1007/978-3-658-24062-2_2

Zuiderveen et al., 2016) oder „explicit personalisation" (Thurman & Schifferes, 2012, S. 776) bezeichnet. Prinzipiell handelt es sich dabei um eine technische Automatisierung von Nutzerselektivität (Selective Exposure, vgl. z. B. Jomini Stroud, 2008). Nutzergesteuerte Personalisierung ist mit einem Abonnement vergleichbar, ihre Logik und Funktionsweise für Nutzer entsprechend leicht verständlich. Populäre Beispiele sind Messenger wie WhatsApp, Skype oder Facebook Messenger. Hier bekommen Rezipienten die Botschaften der Nutzer angezeigt, mit denen sie sich in der Vergangenheit verbunden haben. Da Messenger üblicherweise keine gemeinsamen Newsfeeds für unterschiedliche Quellen vorsehen und stattdessen separate Gesprächsverläufe anzeigen, sind sie als Nachrichtenkanäle von nachrangiger Bedeutung.[5] Auch RSS-Feed-Reader oder E-Mail-Abonnements können zu den nutzergesteuert personalisierten Angeboten gezählt werden. Sie werden jedoch nur von wenigen Nutzern verwendet (Newman, Fletcher, Kalogeropoulos, Levy, & Nielsen, 2017, S. 15; YouGov, 2017).

Von *algorithmischer Personalisierung* ist dann die Rede, wenn ein System auf der Basis nutzergesteuerter Personalisierung zusätzlich selbst aktiv wird und die präsentierten Inhalte mittels Algorithmen weiter an die Bedürfnisse der Nutzer ohne deren aktives Zutun anpasst (Abbildung 1). Entsprechend findet man in der Literatur Begriffe wie „system-initiated personalization (SIP)" (Sundar & Marathe, 2010, S. 300), „implicit personalisation" (Thurman & Schifferes, 2012, S. 776) oder „pre-selected personalisation" (Borgesius Zuiderveen et al., 2016). Bei algorithmisch personalisierten Nachrichtenkanälen (APN) funktioniert das folgendermaßen: Nachdem die Nutzer ihre ersten Präferenzen gesetzt haben, erfassen die Systeme automatisiert, kontinuierlich und von Nutzern unbemerkt weitere Parameter der individuellen Mediennutzung (Welche Angebote und Inhalte rezipieren Nutzer eingehender?), des aktuellen Standorts von Nutzern, ihres Konsumverhaltens (Was haben sie zuletzt wo gekauft?), ihres sozialen Verhaltens (Welche Inhalte leiten sie an andere weiter bzw. kommen sie selbst weitergeleitet?) sowie des Verhaltens ihrer Netzwerkkontakte (z. B. Was interessiert Freunde der Nutzer? Welche Inhalte werden stark diskutiert?)[6]. Solche Daten liefern detaillierte Präferenzprofile der Nutzer und werden verknüpft mit inhaltsbezogenen Parametern, sogenannten Meta-Informationen. Diese beziehen sich etwa auf Thema, Ressort, Erstellungsdatum oder Dokumententyp eines Inhalts sowie auf Indikatoren für die generelle Attraktivität bzw. Relevanz von Content (z. B. Wie viele Nutzer haben einen Post

---

5   Entsprechend betrachten nur elf Prozent der Messenger-Nutzer diese auch als Informationskanäle (Ecke, 2017).
6   Siehe hierzu den umfassenden Überblick über die erhobenen Daten bei Lischka und Stöcker (2017, S. 19–25).

2.1 Definition, Typen und Begriffe

tatsächlich gelesen?). Algorithmen[7] verarbeiten alle diese Daten („Big Data', vgl. Napoli, 2014) und treffen in Echtzeit eine Reihe von Entscheidungen („autonomous decision-making', Diakopoulos, 2015)[8]:

- Sie wählen von den nutzerseitig ausgewählten Quellen diejenigen Inhalte aus, die für einen Nutzer mit gewisser Wahrscheinlichkeit aktuell relevant sind (*Filterung*).
- Sie sortieren die angezeigten Inhalte nach ermittelter Nutzerrelevanz oder nach anderen Kriterien (z. B. Aktualität oder Herkunft der Information; *Priorisierung*).
- Sie klassifizieren die Inhalte nach verschiedenen Kriterien und präsentieren sie unter bestimmten Kategorien (*Klassifikation*).
- Sie verknüpfen zusammengehörende oder passende Inhalte durch eine integrierte Darstellung oder mittels Links („*Association*'), z. b. indem sie ähnliche Artikel vorschlagen. Sie ermöglichen außerdem die Verknüpfung zwischen Individuen oder kollektiven Akteuren (z. b. als Freunde oder Kontakte), indem sie den Akteuren ohne Kanalwechsel Anschlusskommunikation erlauben. Das kann z. b. das Äußern von Bewertungen (Likes), Kommentare zu Artikeln oder die direkte Weiterleitung von Inhalten umfassen (Schmidt et al., 2017, S. 20). Hierbei können Algorithmen auch Nutzerdaten wie Bewertungen oder Zugriffe auf Inhalte zusammenfassen und in aggregierter Form darstellen (z. b. als Anzahl von Likes, Kommentaren oder Empfehlungen, als Funktionen wie „Kunden, die das ansahen, kauften danach"; Schweiger & Quiring, 2007).

---

7 Die hier gemeinten Algorithmen zur Auswahl, Sortierung und Präsentation von Inhalten in Intermediären und anderen Nachrichtenkanälen werden in öffentlichen Debatten gelegentlich mit algorithmischem Journalismus oder Datenjournalismus vermischt. Hierunter versteht man daten- und algorithmengestützte Techniken zur Recherche und Erstellung einzelner journalistischer Artikel (Loosen & Scholl, 2017). Ein häufig genanntes Beispiel ist das automatisierte Generieren relativ einfacher und standardisierter journalistischer Artikel aus Rohdaten wie z. B. Börsenwerten oder Sport-Ergebnistabellen. Die von uns beschriebenen APN können algorithmisch erstellte Artikel enthalten wie alle anderen Arten von Beiträgen auch.

8 Just und Latzer (2016) beschreiben weitaus mehr Leistungen algorithmischer Selektion. Für unsere Zwecke reicht ein Überblick.

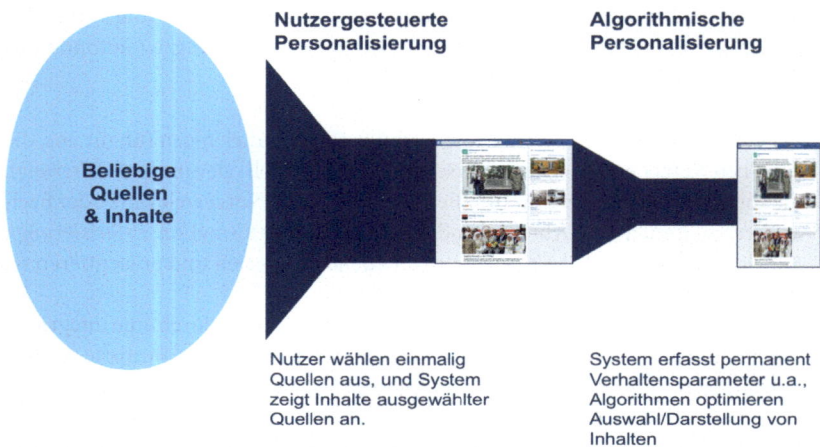

Abb. 1 Varianten und Mechanismen der Personalisierung

Algorithmische Systeme bringen gegenüber einer nutzergesteuerten Personalisierung erhebliche Vorteile: Sie kennen die bewussten wie unbewussten Interessen und Vorlieben von Nutzern genauer und wählen Inhalte in Echtzeit aus. Indem sie jeden einzelnen Nutzungsakt erfassen und abspeichern, können sie die dort gezeigten Vorlieben algorithmisch zur Prognose und Anpassung späterer Nutzungsepisoden verwenden. So verstärkt und verbessert sich die Personalisierung mit zunehmender Nutzung. Damit präsentieren APN den Nutzern in der Regel attraktive Inhalte, die interessens- und einstellungskonformer sind als die Inhalte in anderen Kanälen (Schmidt et al., 2017, S. 20). Das erlaubt es Nutzern, die Überfülle der Inhalte früher einmal ausgewählter Quellen besser zu bewältigen. Würde beispielsweise Facebook seinen Nutzern die Posts aller Seiten und Profile anzeigen, die diese in der Vergangenheit mit ‚gefällt mir' markiert haben – das sind meist mehrere Hundert –, würden alle diese Posts zu einer Informationsüberlastung führen. Deshalb ergänzen viele Systeme bzw. Plattformen die nutzergesteuerte Filterung durch algorithmische Filter. Die meisten Angebote kombinieren also nutzergesteuerte und algorithmische Personalisierung. Mit Thurman und Schifferes (2012) kann man Personalisierung damit allgemein definieren als „A form of user-to-system interactivity that uses a set of technological features to adapt the content, delivery, and arrangement of a communication to individual users' explicitly registered and/or implicitly determined preferences" (S. 776).

2.1 Definition, Typen und Begriffe

APN-Nutzer sind den Entscheidungen der Algorithmen von Plattformen weitgehend ausgeliefert. Wollen sie das nicht, bleibt ihnen meist nur die Möglichkeit, eine Plattform nicht mehr zu nutzen. Doch das ist angesichts der gewohnheitsmäßigen Nutzung und der sozialen und beruflichen Bedeutung vieler Plattformen, allen voran Facebook, Instagram und Google, für viele Menschen kaum denkbar (sog. Lock-In-Effekt, vgl. Georgi & Bourbonus, 2010, S. 371). Theoretisch könnten Nutzer die algorithmische Filterung abschwächen oder anpassen, indem sie ihre früheren Präferenzen bewusst ändern. Doch das ist wenig attraktiv, eben weil die Algorithmen eine personalisierte Auswahl und Darstellung an Inhalten ermöglichen, auf die wohl kaum ein Nutzer verzichten möchte. Zudem sind die Kriterien für algorithmische Personalisierung und ihre Verrechnung so komplex, dass Nutzer die getroffenen Selektions- und Präsentationsentscheidungen bestenfalls ansatzweise verstehen (vgl. Algorithmen als ‚black box', Gillespie, 2014). Das erschwert eine bewusste oder nachträgliche Anpassung der Filterkriterien, zumal Nutzer nur die angezeigten Inhalte kennen, nicht aber solche Inhalte, die *nicht* angezeigt werden.

Ohnehin halten Plattformbetreiber die verwendeten Parameter und Algorithmen zum Schutz vor Nachahmern und Manipulationsversuchen Dritter geheim, so dass die konkreten Funktionsweisen algorithmisch personalisierender Angebote intransparent bleiben (Diakopoulos, 2015). Darüber hinaus nehmen Anbieter aus strategischen und wirtschaftlichen Gründen ständig Veränderungen an den Parametern und Algorithmen vor, die meist auf eine noch genauere Anpassung an die Bedürfnisse ihrer Kunden abzielen (Napoli, 2014, S. 344). Das erhöht die Intransparenz für Nutzer weiter. So verwundert es auch nicht, dass nur wenige von ihnen die Einstellungen der APN ändern. Dutton, Reisdorf, Dubois und Blank (2017) fanden in einer internationalen Befragung, dass lediglich 25 Prozent der befragten US-Amerikaner die Voreinstellungen von SNS an ihre Bedürfnisse anpassen („Social media tailoring"); in Deutschland waren es sogar nur 20 Prozent. Ziemlich sicher sind die tatsächlichen Anteile noch niedriger, weil sich Befragungsteilnehmer bei Selbstauskünften in der Regel als besonders reflektiert und autonom darstellen (soziale Erwünschtheit bzw. Looking-Good-Effekt). Wenn also sogar unter den – in Datenschutz-Fragen ansonsten besonders kritischen – Deutschen nur so wenige angeben, die Voreinstellungen der Plattformen zu ändern, belegt das recht eindeutig, wie bereitwillig die meisten Nutzer Auswahlentscheidungen den Algorithmen überlassen. Wir kommen mit dem Konstrukt der Personalisierungsskepsis in Kapitel 4 auf dieses Thema zurück.

Intermediäre

Algorithmisch personalisierte Angebote, die *fremden* Content zugänglich machen, sind *Intermediäre*. Alle aktuellen Social Network Sites und Suchmaschinen tragen Inhalte unterschiedlichster Quellen zusammen. Diese reichen von journalistischen Quellen über alternative bzw. pseudo-journalistische Urheber, Originalquellen[9] aus allen Bereichen (Politik, Wirtschaft, Unterhaltung, Kultur, Verwaltung usw.) bis hin zu öffentlichen Meinungsäußerungen von Bürgern („öffentliche Bürgerkommunikation", vgl. Schweiger, 2017, S. 64). Dabei „betreiben Intermediäre die Ent- und Neubündelung von Informationen zugleich: Sie erschließen Informationen aus unterschiedlichen Quellen, indem sie diese aus ihrem Ursprungskontext lösen und als Teil ihres eigenen Angebots arrangieren oder gleich die Kanäle für das Veröffentlichen von Inhalten aller Art bereitstellen." (Schmidt et al., 2017, S. 20). Das erlaubt es Intermediären, den Nutzern in Trefferlisten, Newsfeeds oder Streams in Echtzeit eine maximal personalisierte Zusammenstellung von Inhalten unterschiedlichster Arten, Quellen und Qualitäten vorzuschlagen. Damit lösen sie die bisherige Medienlogik auf, in der Urheber, Inhalte und Medienangebote mit „etablierten publizistischen Ordnungen mit eigenen zeitlichen Rhythmen (wie der ‚Sendung' oder ‚Ausgabe')" untrennbar zusammengehören (Schmidt et al., 2017, S. 20). Stattdessen präsentieren Intermediäre ihren Nutzern ein maßgeschneidertes Amalgam an Inhalten unterschiedlichster Urheber. Welche Kommunikationsabsichten diese haben (z. B. neutrales Vermitteln, Aufklären oder interessensgeleitetes Beeinflussen), ob sie gesellschaftlich relevant sind, ob ihre Inhalte wahr sind oder welche journalistische Qualität sie aufweisen, spielt kaum eine Rolle. Nachrichten-Aggregatoren wie Google News, upday oder Flipboard funktionieren ähnlich, sie beschränken sich jedoch auf journalistische Quellen, so zumindest der Anspruch. Allerdings finden sich darunter oft genug alternative Quellen mit politischer Beeinflussungsabsicht, die sich journalistischen Qualitätskriterien wie Unabhängigkeit, Ausgewogenheit, Vielfalt oder Wahrheit kaum verpflichtet fühlen (Schweiger, 2017, S. 98 ff.).

Nachrichtenquellen und -kanäle

Der Umstand, dass Intermediäre Medienangebote sind, die Rezipienten die Inhalte *anderer* Medienangebote zugänglich machen, führt in der akademischen Literatur immer wieder zu begrifflichen Unschärfen. Denn getreu der alten Medienlogik werden Medienangebote, ihre Technik und ihr Inhalt häufig gleichgesetzt. So kommt

---

9 Wir verwenden den Begriff ‚Originalquelle' als Sammelkategorie für alle Quellen, die früher auf die Gatekeeping-Leistung journalistischer Medien angewiesen waren und sich heute online direkt an ihre Anspruchsgruppen wenden.

2.1 Definition, Typen und Begriffe

es dann zu wenig hilfreichen Aussagen wie der, dass sich Nutzer häufiger über Facebook informieren als über Nachrichten-Websites – obwohl auch die Beiträge von Nachrichten-Websites über Facebook verbreitet werden und Nutzer auch dort Kontakt mit Nachrichten-Websites bekommen. Wir schlagen deshalb vor, konsequent zwischen Nachrichtenquellen und Nachrichtenkanälen zu unterscheiden:

- *Nachrichtenquellen* sind alle individuellen und institutionellen Kommunikatoren, die Nachrichten und andere gesellschaftlich relevante Informationen – zu welchem Zweck und welcher Absicht auch immer – erstellen und verbreiten, also z. B. journalistische Nachrichtenmedien (genauer: ihre Redaktionen), Blogger, alternative Medien, usw.
- *Nachrichtenkanäle* sind dagegen die technischen Medien oder Plattformen, über welche die Botschaften der Nachrichtenquellen verbreitet werden. Das können entweder Kanäle sein, die den Quellen selbst gehören (,Owned Media', z. B. Nachrichten-Websites, Blogs), oder eben fremde Kanäle wie Intermediäre.

Diese Terminologie ermöglicht beispielsweise eine eindeutige Unterscheidung zwischen Spiegel Online als Nachrichtenquelle und den unzähligen Kanälen, über die Spiegel-Inhalte direkt oder indirekt bzw. viral verbreitet werden und Rezipienten erreichen, also z. B. Spiegel.de, die Spiegel-App, Facebook, Twitter, Google News, usw. Damit löst sich auch eine bei Publikumsbefragungen bislang anzutreffende Verwirrung auf. Neuberger (2014, S. 243) befragte beispielsweise Bürger, ob sie u. a. die „Internetangebote von Zeitungen und Zeitschriften", „Nachrichten-Suchmaschinen", „Twitter" oder „soziale Netzwerke" für journalistische Angebote hielten. Das ist zweifellos eine relevante Frage; sie lässt sich aber wegen der Vermischung von Quellen (hier: Zeitungs- und Zeitschriftentitel) und Kanälen (hier: Websites und APN) nicht sinnvoll beantworten. Denn Nachrichtenkanäle stellen häufig technische Verbreitungswege externer Quellen dar. Sie als journalistisch bzw. nicht-journalistisch zu bezeichnen, geht deshalb an der Realität vorbei. Entsprechend erklärte knapp die Hälfte der Befragten Nachrichten-Suchmaschinen zu journalistischen Angeboten (48 Prozent „trifft voll und ganz" und „trifft eher zu"). Twitter (14 Prozent) und soziale Netzwerke (16 Prozent) hielten hingegen nur Wenige für Journalismus. Daraus mangelnde Medienkompetenz des Publikums abzuleiten, führt in die Irre. Denn natürlich stellen Suchmaschinen oder soziale Netzwerke als Kanäle den Kontakt zwischen Mediennutzern und den Inhalten journalistischer Nachrichtenquellen her. Wie hoch jedoch der konkrete Anteil journalistischer Quellen in den jeweiligen Kanälen ist, hängt von den nutzerseitigen Präferenzen bzw. der algorithmischen Personalisierung ab und unterscheidet sich somit von Nutzer zu Nutzer. Deshalb ist es sinnvoller, getrennt danach zu fragen, mit welchen

Nachrichtenquellen Nutzer Kontakt haben und über welche Kanäle das geschieht. Abbildung 2 fasst die bisherigen Unterscheidungen zusammen.

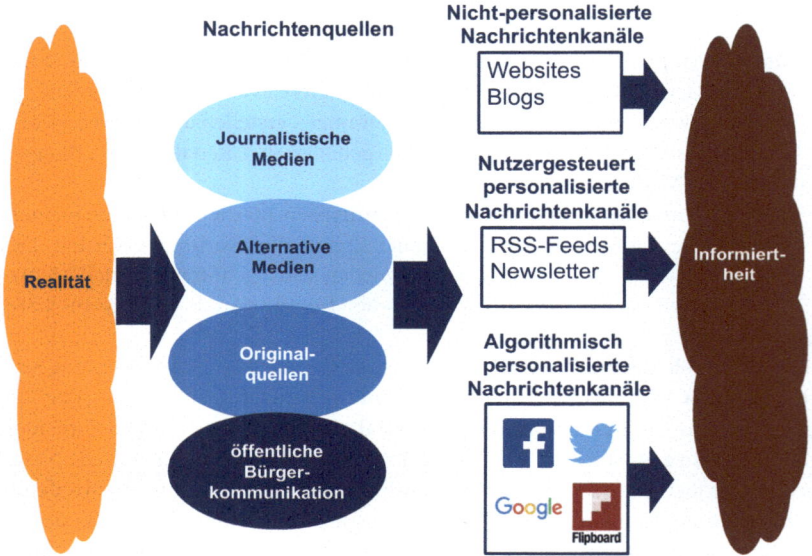

Abb. 2 Nachrichtenquellen und Nachrichtenkanäle der Realitätsvermittlung im Internet

2.2 Wirkungen: Konkurrenz- und Personalisierungseffekte

Die Differenzierung in Quellen und Kanäle erlaubt es nun, die beiden aus unserer Sicht zentralen Ursachen für potenzielle Bedrohungen der politischen Informiertheit von Bürgern und ihrer Meinungsbildung zu unterscheiden: Konkurrenzeffekte von Nachrichtenquellen und Personalisierungseffekte von Nachrichtenkanälen.

Konkurrenzeffekte basieren auf der unmittelbaren Konkurrenz journalistischer und nicht-journalistischer *Quellen* in Intermediären. Intermediäre machen nicht nur die Inhalte unterschiedlichster Quellen in ihren Newsfeeds und Trefferlisten zugänglich und auffindbar, sie präsentieren sie auch in einer einheitlichen Gestal-

2.2 Wirkungen: Konkurrenz- und Personalisierungseffekte

tung unmittelbar neben- oder untereinander. Damit erschweren sie fundamentale Heuristiken, die Rezipienten zur Einordnung und Beurteilung von Inhalten normalerweise anwenden: das Vertrauen in Medienmarken und Medienschemata.

- *Medienmarken* (z. B. Die Zeit, Der Spiegel oder Tagesschau) sind journalistische Quellen, die vielen Bürgern bekannt sind, als Garanten für Qualitätsjournalismus gelten und entsprechendes Vertrauen genießen (Schweiger, 2017, S. 73). Ihre Inhalte werden von den meisten Nutzern für journalistisch qualitätsvoll gehalten, allein weil sie von renommierten Medienmarken stammen (Voigt, 2016, S. 216). Die Medienmarken-Heuristik ist durchaus funktional, denn Nachrichten sind Vertrauensgüter, d. h. die Rezipienten sind gezwungen, der Berichterstattung zu vertrauen (Kiefer, 2001, S. 139). Bürger verfügen nur selten über einen direkten Zugang zu den Akteuren oder Themen der politischen Berichterstattung, so dass ein persönlicher Abgleich zwischen journalistischer Darstellung und Realität meist unmöglich ist. Zudem sind Rezipienten kaum in der Lage, Nachrichtenbeiträge hinsichtlich ihrer journalistischen Qualität zu beurteilen (Prochazka, Weber & Schweiger, 2018; Weber, Prochazka & Schweiger, 2017; Voigt, 2016, S. 128). Sie müssen also auf Medienmarken und die Korrektheit ihrer journalistischen Darstellung vertrauen.
- *Medienschemata* sind institutionalisierte und allgemein bekannte journalistische Darstellungsformen wie z. B. Nachrichten, Reportagen, Interviews oder Kommentare. Sie ermöglichen es Rezipienten, Inhalte unbekannter Herkunft als journalistische Produkte zu erkennen (Neuberger, 2014). Konkret: Wer im Netz einem Text mit allen Charakteristika klassischer Nachrichten begegnet – Markenlogo, Schlagzeile, Leadtext, Datumsangabe, Ortsmarke, Foto mit Bildunterschrift usw. –, geht für gewöhnlich davon aus, auch wirklich eine journalistische Nachricht vor sich zu haben.

Was aber, wenn Medienmarken und Medienschemata in den Intermediären kaum zu erkennen sind? Oder wenn Privatpersonen oder sonstige nicht-journalistische Akteure dort Inhalte verbreiten, die auf den ersten Blick gängigen Medienschemata entsprechen, so wie z. B. viele alternative Nachrichtenangebote ihrer journalistischen Konkurrenz täuschend ähneln? Dann sind Rezipienten vermutlich kaum in der Lage, diese Inhalte in Intermediären hinsichtlich ihrer Quellen und journalistischen Qualität zu beurteilen und zu unterscheiden. Abbildung 3 zeigt beispielhaft eine Google-Trefferliste vom 29.06.2018 zur Suche nach dem Begriff „Moskau". Hier mischen sich glaubwürdige journalistische (sueddeutsche.de) und partizipative Quellen (Wikipedia) mit verschwörungstheoretischen Angeboten (Nuoviso. TV) sowie alternativen Portalen, die zur Förderung ihrer politischen Interessen

16   2 Algorithmisch personalisierte Nachrichtenkanäle

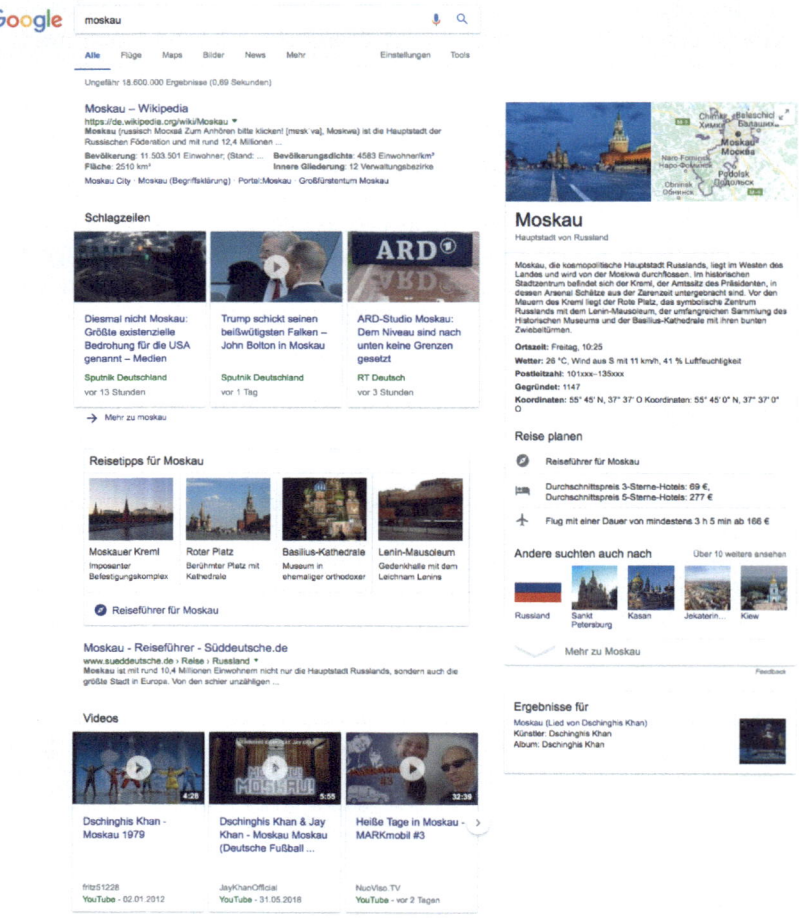

Abb. 3   Google-Trefferliste mit journalistischen und alternativen Beiträgen

erwiesenermaßen[10] mit Verzerrungen und Unwahrheiten hantieren (Sputnik, RT Deutsch). Einige Intermediäre spielen externe Medieninhalte verstärkt innerhalb

---

10 Das ergab eine datenjournalistische Studie des Digital-Magazins Motherboard im September 2017; online: https://motherboard.vice.com/de/article/9k3wvv/welche-deut-

2.2 Wirkungen: Konkurrenz- und Personalisierungseffekte

ihrer eigenen Kanäle aus (z. B. als Accelerated Mobile Pages bei Google oder als Facebook Instant Articles), anstatt wie früher lediglich auf sie zu verlinken (Stark et al., 2017, S. 114). Diese Technik präsentiert alle Inhalte, egal woher sie stammen, auf eine einheitliche Art und Weise und ermöglicht zudem einheitlich beschleunigte Ladezeiten. Eine erste empirische Bestätigung des daraus resultierenden Konkurrenzeffekts liefern Kalogeropoulos und Newman (2017): Mittels einer Kombination aus Tracking- und Befragungsdaten konnten sie zeigen, dass sich Nutzer in 81 Prozent der Fälle korrekt an die Quelle einer gelesenen Nachricht erinnerten, wenn sie direkt über eine Nachrichten-Website darauf zugegriffen hatten. Hatten sie eine Nachricht jedoch über einen Social-Media-Kanal erhalten, erinnerten sich nur noch 47 Prozent korrekt an die Marke, bei Suchmaschinen waren es sogar nur 37 Prozent.

Das erhöht die Anfälligkeit der Nutzer für *Desinformation* durch falsche oder halbwahre Nachrichten und Bilder ('Fake News'), Verschwörungstheorien oder populistische Inhalte. Die unmittelbare Konkurrenz und Verwechselbarkeit journalistischer und anderer Quellen in Intermediären kann sogar als mögliche Ursache für das sinkende Journalismusvertrauen von Teilen der Bevölkerung gelten (Prochazka, 2019). Denn gerade alternative Quellen liefern häufig Realitätsdarstellungen, die von der journalistischen Berichterstattung erheblich abweichen, und kritisieren den Mainstream-Journalismus als unaufrichtig und manipulativ (Schweiger, 2017, S. 77).

Personalisierungseffekte beruhen auf der personalisierten Auswahl, Sortierung, Hervorhebung und Verknüpfung von Inhalten auf algorithmischen Nachrichten*kanälen*. Durch die Filterung einzelner Beiträge oder Beitragselemente (z. B. Überschrift, Teasertext, Titelbild) präsentieren APN in ihren Newsfeeds und Trefferlisten unzusammenhängende, isolierte Inhalte ('Granularisierung', Schweiger, 2017, S. 84). Außerdem ist bei der Filterung von Inhalten nach persönlichen Nutzervorlieben fraglich, ob die Nutzer Beiträge zu sehen bekommen, die ein breites, ausgewogenes und gesellschaftsrelevantes Spektrum an Themen, Fakten und Meinungen abbilden.[11] Damit stehen APN in einem drastischen Gegensatz zu nicht-personalisierten klassischen Nachrichtenangeboten. Denn diese bündeln ihre Beiträge in Sendungen oder Ausgaben, ordnen sie (z. B. in Ressorts), beziehen sie teilweise aufeinander (z. B. als Kommentar oder Hintergrunddarstellung zu einer Nachricht) und vermeiden Redundanzen. Damit ermöglichen sie Nutzern einen integrierten Nachrichtenüberblick (Schweiger, 2017, S. 34). Es ist zu erwarten, dass

---

sche-nachrichtenseite-verbreitet-die-meisten-falschmeldungen-auf-facebook (29.06.2018)

11 Der Nachrichten-Aggregator upday beispielsweise kombiniert zur Lösung dieses Problems redaktionell kuratierte Top-Meldungen mit hoher Gesellschaftsrelevanz und ansonsten algorithmisch personalisierte Nachrichten.

Rezipienten, die sich ganz oder überwiegend auf eine Auswahl personalisierter und granularisierter Nachrichten beschränken, keinen umfassenden und ausgewogenen Nachrichtenüberblick bekommen. Die mögliche Folge ist eine unzureichende bzw. lückenhafte politische Informiertheit, die wiederum die Fähigkeit schwächt, journalistische Nachrichten angemessen zu beurteilen und zu verstehen.

Welche praktische Bedeutung haben nun Konkurrenz- und Personalisierungseffekte im Netz? Oder anders gefragt: Welcher der beiden Effekte bedroht die Informiertheit und Meinungsbildung mündiger Bürger in der Demokratie mehr? Überblickt man alle in der aktuellen Forschung angesprochenen Wirkungsannahmen zur Nutzung von APN (in Anlehnung an Hagen, Wieland, & In der Au, 2017, S. 133 ff. und Schweiger, 2017, S. 104–112) und klopft sie auf deren konkrete Ursachen ab, scheinen Personalisierungseffekte zu dominieren (siehe Tabelle 1 sowie die nachfolgenden Erläuterungen). Denn das demokratietheoretische Paradigma des mündigen Bürgers basiert in erster Linie auf vielfältig und ausgewogen informierten Wählern, die die Pluralität aller in der Gesellschaft existierenden Forderungen, Argumente und Meinungen kennen und deren Verbreitung bzw. Relevanz abschätzen können. Eben das ist jedoch durch personalisierte Nachrichtenkontakte gefährdet.

Tab. 1 Konkurrenz- und Personalisierungseffekte im Vergleich

	Konkurrenzeffekt in Intermediären Kanal präsentiert Nutzern Inhalte unterschiedlicher Quellen in unmittelbarer Konkurrenz	**Personalisierungseffekt durch Algorithmen** Kanal präsentiert Nutzern algorithmisch personalisierte Inhalte
Verzerrung öffentlicher Diskurse	+	
Selective Exposure & Filterblasen		+
Verzerrte Realitäts- & Meinungsklimawahrnehmung		+
Granularisierte Nachrichtennutzung & mangelnder Nachrichtenüberblick		+
Verstehen & Beurteilen von Nachrichten		+
Fragmentierung & Desintegration		+
Echokammern		+
Polarisierung		+

+ dominanter Einfluss des Effekts angenommen.

Verzerrung öffentlicher Diskurse

APN können die Verbreitung von Informationen in der Öffentlichkeit beeinflussen und verzerren („Bias", Hagen et al., 2017, S. 133). Sie bieten interessierten Akteuren leistungsfähige Manipulationsmöglichkeiten (z. B. Suchmaschinenoptimierung, Klickbots, Social Bots oder bezahlte Trolle, vgl. Lischka & Stöcker, 2017, S. 36 f.). Generell verbreiten sich in SNS extreme und unwahre Botschaften stärker als neutrale und wahrheitsgemäße Inhalte, wie sie vorzugsweise von journalistischen Medien stammen (Vosoughi, Roy, & Aral, 2018; Del Vicario, Bessi, Zollo et al., 2015; Bessi, Scala, Rossi, Zhang, & Quattrociocchi, 2014). Das erklärt sich durch das menschliche Interesse an überraschenden, extremen, emotionalisierenden oder negativen Inhalten, dessen sich besonders Boulevardmedien und politische Wahlkämpfer seit jeher erfolgreich bedienen. Damit erzielen gerade populistische, verschwörungstheoretische und diskriminierende Botschaften im Netz in kürzester Zeit ungeahnte Reichweiten. APN können so zu einer generellen Verzerrung öffentlicher Diskurse beitragen, indem etwa bestimmte Themen, Themenaspekte bzw. Frames, Argumente oder Meinungen hervorgehoben und andere unterdrückt werden.

Sachse und Bernhard (2016) haben Beiträge zu den Euromaidan-Protesten in der Ukraine in unterschiedlichen Kanälen inhaltsanalytisch miteinander verglichen: (1) in der Frankfurter Allgemeinen Zeitung und der Süddeutschen Zeitung als traditionellen, nicht-personalisierten Tageszeitungen und (2) in den Twitter-Tweets zum Hashtag #euromaidan sowie (3) in Google-Trefferlisten zur Suche ‚Opposition Ukraine', also in APN. In beiden APN – Twitter und Google – kamen mehr ausländische Sprecher und seltener die Opposition zu Wort. Besonders bei Google stammte ein nennenswerter Anteil der Treffer aus nicht-journalistischen Quellen. Dort wurde außerdem die Opposition deutlich schlechter bewertet als in den anderen Kanälen. Die Ergebnisse sind zwar nur eingeschränkt verallgemeinerbar. Sie zeigen aber, wie stark die Informationen in unterschiedlichen Informationskanälen voneinander abweichen können.

Dass man mit solchen Verzerrungen Wahlen manipulieren kann, wurde im Zusammenhang mit dem US-Präsidentschaftswahlkampf 2016 intensiv debattiert. Ebenfalls zu einer Verzerrung öffentlicher Diskurse können extrem aktive Nutzer beitragen, die ständig Kommentare schreiben, liken oder weiterempfehlen und damit besonders sichtbar machen. Eckert und Gensing (2018) analysierten für den Faktenfinder von Tagesschau.de Facebook-Diskussionen im Januar 2018 zu Beiträgen von Bild, Focus Online, Kronen Zeitung, Spiegel Online, tagesschau.de, Welt sowie ZDF heute. Es zeigte sich, dass lediglich fünf Prozent der Nutzer (genauer: Accounts) für 50 Prozent der Likes bei Hass-Kommentaren verantwortlich waren; das aktivste eine Prozent der Profile verursachte sogar 25 Prozent der Likes.

Durch den Facebook-Algorithmus bekommen extreme Aussagen einer ‚lautstarken Minderheit' höhere Reichweiten als eine sachliche Mehrheitsmeinung. Die Verzerrung öffentlicher Diskurse basiert hauptsächlich auf einem Konkurrenzeffekt in APN. Denn sie erlauben es Akteuren nicht nur, ihre Botschaften auf gleicher Ebene wie journalistische Inhalte zu verbreiten, sondern auch mittels der genannten Manipulationstechniken die öffentliche Präsenz von Themen und Meinungen sowie deren Wahrnehmung durch die Bürger zu verzerren. Ob diese *allgemeine* Verzerrung öffentlicher Diskurse überhaupt bei einzelnen Bürgern ankommt, hängt jedoch wieder davon ab, wie intensiv diese algorithmische Personalisierung nutzen. Gerade die Trump-Wahl als Beispiel belegt weniger eine landesweite Diskursverzerrung als vielmehr eine Verzerrung innerhalb unterschiedlicher Filterblasen und Milieus. Dazu im nächsten Punkt.

Selective Exposure und Filterblasen

Die menschliche Neigung, Medienangebote und inhalte zu bevorzugen, die den eigenen Interessen und politischen Einstellungen entsprechen, und dissonante Angebote zu meiden, ist seit Jahrzehnten bekannt (Selective Exposure; ausführlich Kapitel 4.1). APN fördern diese Neigung und verstärken sie vermutlich auch, indem sie die individuelle Selektion einseitiger Informationen vereinfachen und automatisieren und damit den zufälligen Kontakt mit dissonanten Inhalten unwahrscheinlicher machen (Schweiger, 2017, S. 88 f.). Neben thematischen oder inhaltlichen Interessen bedienen sie politische Einstellungen und Weltbilder ihrer Nutzer und deren Bedürfnis nach sozialem Kontakt mit ähnlichen Personen (Homophilie sozialer Netzwerke; Schweiger, 2017, S. 89 f.). Eine mögliche Folge dieser „augmented selectivity" (Hagen et al., 2017, S. 133) sind Filter Bubbles bzw. Filterblasen. Damit hat Pariser (2011) einstellungskonsonante Informationsräume beschrieben, in denen sich Individuen oder Gruppen mit ähnlichen Interessen und Meinungen befinden – teilweise ohne ihr bewusstes Zutun oder Wissen. Je einseitiger die dort kursierenden Inhalte, desto verzerrter und unvollständiger sind die Informationen, mit denen Rezipienten in Filterblasen in Kontakt kommen.

Filterblasen treten natürlich nicht als vollständig abgekapselte „information cocoons" (Sunstein, 2008) auf. Vielmehr sind die Informationsumgebungen einzelner Bürger mehr oder weniger einseitig verzerrt, je nach ihrer individuellen Vorliebe für meinungskonsonante Inhalte (Selective-Exposure-Neigung) und anderen Persönlichkeitsmerkmalen (dazu ausführlich in Kapitel 4). Der Hinweis, dass die Wände der Filterblasen „porös" sind (Borgesius Zuiderveen et al., 2016), ist also zweifellos richtig. Er spricht aber auch nicht gegen eine graduelle Verzerrung der Inhalte, mit denen ein einzelner Bürger in Kontakt kommt. APN sollten aufgrund der skizzierten Mechanismen die Wahrscheinlichkeit und den Grad einseitiger

2.2 Wirkungen: Konkurrenz- und Personalisierungseffekte

Informationsumgebungen erhöhen – sowohl auf der Individualebene als auch in gesellschaftlichen Milieus mit ähnlichen Geschmäckern und Weltbildern. Wir haben es hier deshalb eindeutig mit einem Effekt der Personalisierung zu tun.

Andererseits verbreiten gerade alternative, parteiische Nachrichtenangebote und viele Originalquellen (z. B. Politiker, Parteien, Unternehmen oder sonstige Interessensvertreter) stark einseitige Inhalte. Damit bedienen sie das menschliche Bedürfnis nach Meinungskonsonanz besser als journalistische Quellen (Schweiger, 2017, S. 105, Dissonanz als Zumutung). In der mittelbaren Konkurrenz unterschiedlicher Quellen, wie sie APN bieten, sollten Nutzer bevorzugt meinungskonsonante Quellen angezeigt bekommen. Dieser Konkurrenzeffekt sollte die meinungskonsonante Verzerrung der rezipierten Inhalte zusätzlich verstärken.

Verzerrte Realitäts- und Meinungsklimawahrnehmung

Die interessens- und einstellungskonsonant personalisierte Selektion und Rezeption von Inhalten kann zu einer individuell verzerrten Realitätswahrnehmung führen (Loosen & Scholl, 2017). Dieser Effekt sollte sich nicht nur auf Themen und Informationen auswirken, sondern auch auf die Wahrnehmung der Stärke des eigenen Meinungslagers und anderer Meinungslager (verzerrte Meinungsklimawahrnehmung bzw. False-Consensus-Effekt; vgl. Schweiger, 2017, S. 130). Tatsächlich können Stark et al. (2017, S. 149) empirisch zeigen, dass intensive Facebook-Nutzer die Verbreitung ihrer Meinung in der Gesamtbevölkerung stärker überschätzen als andere Personen (vgl. auch den experimentellen Beleg bei Trilling, van Klingeren & Tsfati, 2017). Auch hier ist neben dem dominanten Personalisierungseffekt ein Konkurrenzeffekt unterschiedlicher Quellen plausibel.

Granularisierte Nachrichtennutzung und mangelnder Nachrichtenüberblick

Im Gegensatz zu APN sind klassische Nachrichtenangebote wie TV- oder Radionachrichten, Zeitungen, Nachrichtenmagazine oder Nachrichten-Websites nicht personalisiert. Damit ermöglichen sie Nutzern einen integrierten Nachrichtenüberblick. Schweiger (2017, S. 34) versteht darunter die „journalistische Aufgabe, dem Publikum einen geordneten Überblick über das aktuelle Nachrichtengeschehen zu liefern, Ereignisse bzw. Themen in einen Gesamtzusammenhang einzuordnen und das nötige Hintergrundwissen zu vermitteln." APN hingegen präsentieren isolierte und unzusammenhängende Einzelnachrichten. Rezipienten, die sich ganz oder überwiegend auf eine solche ‚granularisierte Nachrichtennutzung' beschränken, bekommen vermutlich keinen umfassenden und ausgewogenen

Nachrichtenüberblick (ebd., S. 84 und 95). Hier haben wir es wieder eindeutig mit einem Personalisierungseffekt zu tun.

Verstehen und Beurteilen von Nachrichten

Das isolierte und verzerrte Nachrichtenmenü, das Bürger in APN erleben, und die Verbreitung zusammenhangsloser Informationen (Dekontextualisierung; Hoffjann & Arlt, 2015, S. 135) gefährdet nicht nur den Aufbau eines integrierten Nachrichtenüberblicks. Es verschlechtert auch das Verstehen von Nachrichten, fördert Missverständnisse und macht das Beurteilen von Nachrichten hinsichtlich ihres Wahrheitsgehalts oder ihrer Qualität noch schwerer, als es ohnehin schon ist (ausführlich Schweiger, 2017, S. 81–85). Dieser Personalisierungseffekt wird durch einen Konkurrenzeffekt verschärft, denn populistische und alternative Quellen veröffentlichen missverständliche, halbwahre oder komplett erlogene Informationen oder populistische Botschaften, wenn es dem Erreichen ihrer politischen Interessen dient. Dabei stehen besonders APN im Verdacht, die virale Verbreitung manipulativer Botschaften zu fördern, und zwar aus den zwei Gründen, die bereits erläutert wurden: Erstens machen sie es ihren Nutzern schwer, Quellen zu unterscheiden und deren Intention zu erkennen. Zweitens verbreiten sich in APN extreme und emotionalisierende Botschaften stärker als etwa ausgewogene und vermittlungsorientierte Inhalte, wie sie vorzugsweise von journalistischen Medien stammen.

Fragmentierung und Desintegration

Wenn Individuen oder gesellschaftliche Gruppen in APN überwiegend interessens- oder meinungskonsonante Inhalte und Meinungsäußerungen rezipieren, die Realität und das Meinungsklima in ihren Filterblasen verzerrt wahrnehmen und keinen integrierten Nachrichtenüberblick bekommen, droht letztlich der Zerfall der Gesellschaft in viele kleine, heterogene Teilöffentlichkeiten (Fragmentierung; z. B. Just & Latzer, 2016). Diese stehen nur noch wenig miteinander in Verbindung und teilen kaum gemeinsame Themen, Informationen oder Werte. Dieser Personalisierungseffekt könnte den Zusammenhalt bzw. das Zusammengehörigkeitsgefühl der Bürger in einem Staat schwächen und die ohnehin voranschreitende Desintegration vieler Gesellschaften weiter beschleunigen.

Echokammern

Fragmentierte Gruppen, die in Filterblasen überwiegend interessens- oder meinungskonsonante Inhalte und Meinungsäußerungen rezipieren und eine verzerrte Realitäts- und Meinungsklimawahrnehmung aufweisen, überschätzen aufgrund des Personalisierungseffekts tendenziell die Stärke der eigenen Gruppe in der Gesamtgesellschaft. Gemäß der Theorie der Schweigespirale von Noelle-Neumann (2001) werden sie redebereiter (vgl. die bestätigende Metaanalyse zu dieser Annahme von Matthes, Knoll & von Sikorski, 2017). Zumindest in der eigenen Gruppe artikulieren sie ihre Meinung häufiger, eindeutiger und wohl auch emotionaler und bilden so eine immer lauter und extremer artikulierende Echokammer (Schweiger, 2017, S. 146). Auch dies ist wieder ein Personalisierungseffekt.

Polarisierung

Am Ende dieser Entwicklung kann eine Polarisierung der öffentlichen Meinung stehen, d. h. ein steigender Anteil von Bürgern mit extremen politischen Meinungen bei gleichzeitiger Verkleinerung einer ‚gesellschaftlichen Mitte' mit gemäßigten Meinungen (vgl. z. B. Tewksbury & Rittenberg, 2012, S. 119–143; zum Konzept und der Messung von Meinungspolarisierung vgl. ausführlicher Kapitel 5). Der Grund hierfür ist folgender: Nur wer einigermaßen ausgewogen informiert ist und die Argumente unterschiedlicher politischer Lager kennt, kann die Komplexität vieler politischer Probleme nachvollziehen. Je mehr man über ein Thema weiß, desto bewusster wird man sich der eigenen Wissens- und Verständnislücken und Unsicherheiten. Desto eher versteht man, dass weder das ‚gesamte Volk' einer Meinung ist, noch dass es eine ‚einfache Lösung' geben kann, wie das Populisten behaupten. Entsprechend moderater wird die persönliche Meinung ausfallen – und umgekehrt. Dieser Effekt unzureichender und verzerrter Informiertheit kann durch die erhöhte Redebereitschaft von Rezipienten in meinungskonsonanten Filterblasen und eine entsprechend verzerrte Meinungsklimawahrnehmung weiter verstärkt werden, so dass sich Bürger in ihren Meinungsäußerungen gegenseitig aufschaukeln können (Echokammern).

Zusammenfassend: Die beschriebenen potenziellen Wirkungen algorithmisch personalisierter Nachrichtenkanäle umfassen vorwiegend Bedrohungen für die politische Informiertheit und Meinungsbildung durch personalisierte und einseitig meinungskonsonante Nachrichtenkontakte. Konkurrenzeffekte in Intermediären können diese Personalisierungseffekte weiter verstärken, scheinen uns aber insgesamt etwas weniger wirksam zu sein. Allerdings sind auch positive Effekte von APN denkbar. Bereits in der Frühphase der Diskussion um algorithmische Nachrichtenkanäle wurde etwa der These der Filterblase die Annahme eines Netzwerkeffektes gegenübergestellt (Schweiger, 2017, S. 91). Sie geht davon aus, dass Menschen durch APN mit einer größeren Vielzahl und Vielfalt an Informationen konfrontiert werden als ohne, und betont die Möglichkeiten für Bürger, sich Informationen effizient zu erschließen. Auch für diesen Effekt gibt es in der jüngeren Forschung empirische Hinweise (dazu mehr in Kapitel 5), weshalb Bruns

(2016) zu dem sicherlich überspitzten Schluss kommt, die Annahme der Filterblase sei „post-factual in its own right". Insgesamt ist der Forschungsstand jedoch widersprüchlich. Die Frage nach den Effekten von APN ist also nicht pauschal zu beantworten. Es erscheint geboten, differenzierter zu forschen und den Blick vor allem auf Randbedingungen zu lenken: Sicher sind nicht alle Nutzer von APN in Filterblasen gefangen, haben einen mangelnden Nachrichtenüberblick oder eine verzerrte Wahrnehmung der Realität und des Meinungsklimas. APN erhöhen aber für bestimmte Gruppen unter bestimmten Umständen das Risiko, dass dem so ist.

Umso wichtiger erscheint es, zunächst den grundlegenden APN-Nutzungsanteil valide und reliabel zu erfassen, Nutzergruppen zu identifizieren und anschließend differenziert nach den Effekten zu forschen.

2.3 Zwischenfazit

Der Überblick von Wirkungsannahmen zur Nutzung von algorithmisch personalisierten Nachrichtenkanälen (APN) hat gezeigt, dass sich die meisten in erster Linie durch Personalisierungseffekte algorithmischer Kanäle erklären lassen. Konkurrenzeffekte zwischen Quellen und Inhalten, wie sie in Intermediären zu erwarten sind, spielen ebenfalls eine Rolle und können Personalisierungseffekte zusätzlich verstärken. Da bei Intermediären Personalisierungs- und Konkurrenzeffekte zusammenkommen, ist dort insgesamt das größte Wirkungspotenzial anzunehmen. Dennoch erscheint uns die in der deutschsprachigen Literatur anzutreffende Fokussierung auf Intermediäre als zu eng. Wir beziehen uns deshalb auf das weitere Konzept der *algorithmischen Personalisierung*, da es gleichermaßen Nachrichtenkanäle mit eigenen *und* externen Inhalten umfasst. Damit ist der Nutzungsanteil von APN am individuellen Nachrichtenmenü von Menschen zwangsläufig höher als der Nutzungsanteil von Intermediären. Möchte man sich Personalisierungseffekten annähern, empfiehlt sich somit der Blick auf APN und deren Algorithmen zur Auswahl und Darstellung von Informationen – unabhängig davon, in welchen konkreten Kanälen sie auftreten und mit welchen Quellen und Inhalten sie ‚gefüttert' werden.

Ohnehin erweist sich eine Fokussierung auf Intermediäre als Vermittler von Inhalten Dritter in der Forschungspraxis zunehmend als schwierig. In einem Marktüberblick der elf größten Nachrichtenanbieter in den USA und Großbritannien erfassten Thurman und Schifferes (2012) alle dort verfügbaren Varianten von Personalisierung. Es zeigte sich, dass alle Anbieter ihre Websites im Untersuchungszeitraum von 2007 bis 2010 mit immer mehr Personalisierungs-Features ausgestattet hatten. Auffallend war dabei, dass viele Nachrichtenangebote auch fremden Content verwenden, den sie entweder verlinken oder direkt im Angebot integrieren (S. 781). Damit verwischt sich die Unterscheidung zwischen Intermediären mit *externen* Inhalten und Online-Nachrichten mit *eigenen* Inhalten vollends.

Auch ist diskutabel, ob man SNS, Videoportale oder Messenger wirklich eindeutig und ausschließlich als Intermediäre betrachten kann. Denn erstens produzieren oder kaufen sie in den letzten Jahren verstärkt eigene Inhalte, um die Plattformen noch attraktiver zu machen oder um Nutzern bestimmte Aktionen nahezulegen. Gerade auf Facebook finden sich in den Newsfeeds häufig Posts, die von Facebook selbst stammen. Zudem vermitteln sie nicht nur – als Intermediäre im eigentlichen Wortsinn – zwischen externen Quellen und Nutzern. Sie ermuntern ihre Nutzer auch, eigene Inhalte hochzuladen (User-Generated Content), die sie anderen Nutzern in personalisierter Form anzeigen. Ist das wirklich *externer* Content, wenn er von den eigenen Nutzern stammt und von diesen bewusst und ausschließlich für eine Plattform erstellt wurde? Ohnehin könnte man dann auch Tageszeitungen oder Nachrichten-Websites als Intermediäre bezeichnen, denn auch dort findet man Leserbriefe bzw. Nutzerkommentare und Inhalte, die mehr oder weniger unverändert von externen PR-Quellen stammen. Der Begriff der Intermediäre erscheint deshalb nicht nur als definitorisch problematisch; er lenkt den Blick zudem hauptsächlich auf (Konkurrenz-)Effekte, die uns empirisch nicht ganz so gravierend und gesellschaftsrelevant erscheinen wie die Wirkungen algorithmischer Personalisierung.

Bevor wir uns mit den Fragen befassen, welche Individuen und Bevölkerungsgruppen APN wie intensiv nutzen (Kapitel 4) und wie diese Nutzung mit einer Polarisierung individueller Einstellungen und der öffentlichen Meinung einhergeht (Kapitel 5), sind zunächst die empirischen Grundlagen zu klären: Was weiß die Forschung über die Nutzung von APN und wie kann man sie messen?

3 APN-Nutzungsanteil – Konstrukt und Messung

3.1 Forschungsstand und Forschungsfragen

Vor mehr als zehn Jahren beschäftigten sich Kalyanaraman und Sundar (2006) mit der Personalisierung von Inhalten und fragen danach, wie sich diese auf die Einstellungen der Nutzer gegenüber dem Anbieter auswirkt. Die Teilnehmer eines Experiments mit drei Gruppen (hohe, mittlere und geringe Personalisierung) sahen eine fiktive Seite von MyYahoo.com, deren Inhalte (Sportnachrichten, Wetter, Kino usw.) mehr oder weniger ihren persönlichen Interessen entsprachen. Anschließend wurden sie zu ihrer Wahrnehmung der Seite befragt. Diejenigen, die eine Seite mit hohem Personalisierungsgrad gesehen hatten, beurteilten das Portal signifikant positiver als die Versuchspersonen in den anderen Gruppen. Eine ähnlich angelegte Folgestudie von Beier und Kalyanaraman (2008) lieferte vergleichbare Ergebnisse. Damit liegt der Mehrwert individuell zugeschnittener Nachrichtenauslieferung nicht nur für Nutzer, sondern auch für Nachrichtenanbieter und Betreiber algorithmisch personalisierter Plattformen auf der Hand.

Nutzung algorithmisch personalisierter Nachrichtenkanäle und ihre Messung

Was aber wissen wir über den Umfang, in dem APN genutzt werden? Einige Mediennutzungsstudien berücksichtigen neben den etablierten Mediengattungen Fernsehen, Radio und Presse nicht nur pauschal das Internet, sondern erfassen auch Nachrichtenkanäle mit algorithmischer Personalisierung. Die relevantesten kontinuierlichen Nutzerbefragungen sind der internationale Reuters Institute Digital News Report und die deutsche ARD/ZDF-Onlinestudie.

In der ARD/ZDF-Onlinestudie erfährt man zur Nutzung von Nachrichten online, dass sich im Jahr 2017 zwar 34 Prozent der Deutschen (ab 14 Jahren) „kurz im Internet informiert, schnelle Suche" betrieben haben, neun Prozent „im Internet gesurft", aber nur sieben Prozent „Artikel/Berichte digital im Internet gelesen" haben (Koch & Frees, 2017). Über welche Kanäle die Befragten Kontakt mit Nachrichteninhalten hatten und ob dabei algorithmisch personalisierte Angebote von Bedeutung waren, bleibt allerdings unklar. Zur Nutzung konkreter APN-Plattformen heißt es, dass 21 Prozent täglich auf Facebook waren, sechs Prozent auf Instagram und nur ein Prozent Twitter genutzt hat. Dass zwei Prozent „Sendungen in Mediatheken/YouTube gesehen", fünf Prozent „Filme/Videos bei YouTube, MyVideo etc. gesehen" und ein Prozent „Videos bei Facebook, auf Nachrichtenportalen gesehen" haben, gibt zwar weiteren Aufschluss über Tätigkeiten in APN; leider wurde hier jedoch allgemein nach Nutzung und nicht nach *informierender* Nutzung gefragt.

Ergiebiger ist der Reuters Institute Digital News Report. Im Jahr 2017, als auch unsere Befragung stattfand, wurden hier Teilnehmer aus 36 Ländern zu genutzten Nachrichtenquellen und -kanälen befragt (Newman et al., 2017). Facebook und YouTube als die prominentesten Vertreter algorithmisch personalisierter Kanäle wurden von 47 Prozent bzw. 22 Prozent der Befragten genutzt, um Nachrichten zu lesen oder zu sehen. Unter den Teilnehmern, die in der Woche vor dem Befragungszeitpunkt einen Online-Nachrichtenkanal genutzt hatten, wurde zudem der *wichtigste* Nachrichtenkanal („preferred gateway to news content") ermittelt. 32 Prozent gaben an, hauptsächlich auf direktem Weg Kontakt mit Nachrichten gehabt zu haben. Die Weiterleitung über E-Mail nannten sechs Prozent. 58 Prozent – und damit die große Mehrheit – nannten als wichtigste Nachrichtenkanäle solche Angebote, die ihre Inhalte überwiegend algorithmisch personalisieren: Bei 25 Prozent waren es Suchmaschinen, bei 23 Prozent Social Media, bei fünf Prozent News-Aggregatoren und bei weiteren fünf Prozent „mobile Alerts", also Nachrichten-Apps, von denen manche personalisierbar sind und andere nicht (S. 14). Im Digital News Report 2018 (Newman et al., 2018) sind die Zahlen zur Nutzung dieser Nachrichtenkanäle nahezu unverändert; das bestätigt die Stabilität und die Relevanz des Phänomens. Die Nutzung von Kanälen, die überwiegend algorithmisch personalisieren, steigt sogar noch leicht auf 59 Prozent: Zwar werden Suchmaschinen von 24 Prozent (und damit einem Prozentpunkt weniger als im Vorjahr) als wichtigster Nachrichtenkanal genannt, „mobile Alerts" und Aggregatoren gewinnen jedoch jeweils einen Prozentpunkt. Der Fragebogen aus dem 2017er-Report erfasste außerdem, ob die Befragten bei der Nachrichtennutzung in der letzten Woche eher auf „algorithmic news selection" gesetzt hatten (und damit auf APN) oder auf „editorial news selection", also journalistische Angebote. Das Ergebnis unterstreicht die Relevanz algorithmischer Personalisierung: 54 Prozent nannten APN; journalistische Quellen standen bei nur 44 Prozent im Vordergrund. Die Dominanz von APN war bei den Unter-35-Jährigen mit 64 Prozent (vs. 34 Prozent, die journalistische Quellen bevorzugten) noch eindeutiger (S. 15).

3.1 Forschungsstand und Forschungsfragen

Die Begeisterung der Deutschen für APN ist ebenfalls groß (Hölig & Hasebrink, 2016, S. 541): Gefragt nach dem bevorzugten Weg, Nachrichten auszuwählen, lagen die Anhänger einer journalistischen Auswahl 2016 gleichauf mit denjenigen, die APN bevorzugten (jeweils 36 Prozent). 23 Prozent präferierten eine Auswahl auf der Basis von Hinweisen bzw. Weiterleitungen von Freunden etwa per Mail oder in SNS („Social Navigation", vgl. Svensson, 2000). Berücksichtigt man, dass in SNS die Auswahl durch Freunde ebenfalls über algorithmische Personalisierung funktioniert, und fasst beide APN-Varianten zusammen, sprachen sich auch die Deutschen mehrheitlich für eine algorithmisch personalisierte Nachrichtenauswahl aus (59 Prozent vs. 36 Prozent für redaktionelle Nachrichtenauswahl). Allerdings ist dieser Befund mit Vorsicht zu interpretieren, da ein Teil der Befragten alle Wege der Nachrichtenauswahl gleichermaßen schätzte, ein anderer Teil keine der genannten Optionen.

Ecke (2017) erhob die Nutzung von SNS, Videoportalen und Suchmaschinen detailliert als Stichtagsbefragung (gestern) in den Jahren 2015 und 2016 (gepoolt). Basis waren ‚Internetnutzer gestern' ab 14 Jahren in Deutschland. Bei den SNS lag Facebook (42 Prozent Nutzung gestern) klar vor Instagram (13 Prozent), YouTube war das mit Abstand wichtigste Videoportal (42 Prozent Nutzung gestern) und Google die dominante Suchmaschine (79 Prozent). Wenig überraschend: Je jünger die Befragten, desto mehr von ihnen hatten die Plattformen am Vortag genutzt. Zusätzlich wurde die informierende Nutzung über die Plattformen abgefragt, im Fragebogen beschrieben als „Informationen zum Zeitgeschehen in Politik, Wirtschaft und Kultur aus Deutschland und aller Welt gesehen oder gelesen?". Es zeigte sich, dass viele deutsche Onliner SNS und Suchmaschinen auch verwenden, um sich zu informieren: Knapp 40 Prozent nutzten Suchmaschinen, 30 Prozent SNS und neun Prozent Videoplattformen. Auch hier existiert ein deutlicher Alterseffekt: Die 14- bis 29-Jährigen verwendeten die Plattformen überdurchschnittlich häufig, um Informationen zum Zeitgeschehen zu erhalten. Auf die Gesamtbevölkerung bezogen ermittelte Ecke, dass 57 Prozent der Deutschen täglich mindestens eine der Plattformen (inkl. Messenger) nutzten und 33 Prozent das zur Information taten.

Die Studie fragte schließlich auch, über welche der Kanäle die Teilnehmer Kontakt mit Nachrichtenquellen hatten („Intermediäre als Kontakthersteller").[12] Hier gaben 33 Prozent an, gestern mindestens eine Plattform als Kontakthersteller genutzt zu haben. Ähnlich wie im Reuters Digital News Report 2017, der den „preferred gateway to news

---

12 Frageformulierung: „Als Sie gestern im Internet Informationen über das Zeitgeschehen gesehen oder gelesen haben, haben Sie da die Internetseite oder App direkt aufgerufen oder sind Sie über eine Suchmaschine dorthin gekommen?" bzw. „(…) oder sind Sie über den Beitrag in einem sozialen Netzwerk, einem Videoportal oder einen Instant Messaging-Dienst (sic!) wie z. B. WhatsApp dorthin gekommen?".

content" erfasst, wurde schließlich nach der subjektiven *Bedeutung* informierend genutzter Kanäle gefragt. Hier nannten 53 Prozent Google, 24 Prozent Facebook und sechs Prozent YouTube – und damit APN – als wichtigsten Kontakthersteller. Dass die Werte zur informierenden APN-Nutzung bei Ecke (2017) niedriger ausfielen als im internationalen Digital News Report 2017, liegt vermutlich daran, dass in Deutschland ein reichweitenstarker Markt etablierter Medienmarken existiert, zu denen auch die öffentlich-rechtlichen Angebote zählen. Das macht es neuen Plattformen schwerer, sich im Informationsbereich durchzusetzen. Tatsächlich landete Deutschland auch im internationalen Vergleich 2016 bei der Nachrichtennutzung via Social Media auf dem letzten Rang (Hölig & Hasebrink, 2016).

Eine aufwändige Mehrmethodenstudie von Stark et al. (2017) liefert weitere Daten. Hier wurden qualitative und quantitative Befragungen, die aufgrund der Selbstauskunft der Teilnehmer häufig Erinnerungsfehlern und Effekten sozialer Erwünschtheit unterliegen, durch ein Tracking des Nutzerverhaltens auf einzelnen Geräten ergänzt. Auf den Computer-Browsern von n=441 Versuchspersonen wurden die hundert wichtigsten Domains sowie auf ihren mobilen Geräten die hundert meistgenutzten Apps über zwei Wochen erfasst. 33 Prozent aller identifizierbaren Seitenaufrufe am Computer fanden auf Intermediären statt, allen voran auf Google (175 Mio. Abrufe) und Facebook (122 Mio.) sowie mit Abstand YouTube (43 Mio.). Auf mobilen Geräten war die relative Nutzungsdauer intermediierender Apps mit 39 Prozent noch höher (S. 113 f.). Die zweitpopulärste Gattung auf Computern waren mit knapp 16 Prozent aller Aufrufe die Portale von Mailprovidern wie gmx.net, web.de, t-online.de, live.com oder msn.de. Diese enthalten ebenfalls Nachrichten (meist eingekauftes Agenturmaterial), die in der Regel nicht oder nur wenig personalisiert werden. Der direkte Zugriff auf genuin journalistische Websites war sowohl stationär als auch mobil eher eine Seltenheit. Am Computer galten 1,5 Prozent der getrackten Seitenabrufe nicht-personalisierten Nachrichten-Websites; dabei lagen Bild und Spiegel Online mit 8.300 und 3.300 Abrufen vorn. Mobil kamen journalistische Nachrichten-Apps auf eine anteilige Verweildauer von etwas mehr als einem Prozent; hier führten Spiegel und Bild sowie „n-tv Nachrichten". Die Autoren kommen zu dem Fazit, dass „Informationsintermediäre im Netz bereits mit Abstand die wichtigste Anlaufstelle sind – allen voran auf Smartphones und Tablets" (S. 114).

Forschungsfrage

Die referierten Studien unterstreichen den hohen Stellenwert von APN in der gesamten Nachrichtennutzung weltweit und in Deutschland. Was jedoch die Messung ihrer Nutzung betrifft, bleiben zwei Forschungsdesiderate: Erstens fehlt eine Erfassung der Nutzung von Online-Angeboten mit *eindeutig* algorithmischer Personalisierung. Die bisher verwendeten Angebotskategorien (,Social Media', ,Social Network Sites',

‚Portale' usw.) sind häufig unklar definiert und nicht trennscharf. Zudem werden Kategorien abgefragt, bei denen weder Forscher noch Befragte sagen können, ob sie wirklich algorithmisch personalisieren oder nicht. Das gilt beispielsweise für (Provider-)Portale, Apps oder den Begriff ‚Social Media', zu dem beispielsweise auch nicht-personalisierte Blogs oder Wikis hinzugezählt werden. Zweitens wird oft nur dichotom erhoben, ob Befragte eine Angebotskategorie nutzen oder nicht, und dann ausgewiesen, wie hoch der Anteil der Nutzer an der Grundgesamtheit war – im Gegensatz zu Nicht-Nutzern. Als nur eine Minderheit der Onlinenutzer Kontakt mit APN hatte, mögen solche Daten ausreichend gewesen sein. Heute ist der grundsätzliche Kontakt mit APN, wie wir gesehen haben, eher Standard als Ausnahme. Will man somit das gesellschaftliche und individuelle Ausmaß von Personalisierungseffekten durch APN nachvollziehen, braucht man präzisere Angaben. Das erfordert eine *metrische* Erfassung der *individuellen* APN-Nutzung, die man schließlich ins Verhältnis zur gesamten Nachrichtennutzung einer Person setzen kann, um so den *relativen* Nutzungsanteil von APN zu bestimmen.

Um diese Desiderate zu beheben, beschreiben wir im Folgenden eine Methode zur Messung des absoluten und relativen Nutzungsanteils von APN an der Gesamtnachrichtennutzung. Diese erlaubt uns die Beantwortung von Forschungsfrage 1: Wie hoch ist der APN-Nutzungsanteil an der gesamten Nachrichtennutzungsdauer deutscher Onliner?

3.2 Methode

Um diese und alle nachfolgenden Forschungsfragen zu beantworten, wurde ein deutschsprachiger Online-Fragebogen aufgesetzt und die Befragung im August 2017 durchgeführt. Wie Stark et al. (2017) zeigen, kann die individuelle Nutzung von Online-Angeboten auch mittels Tracking der genutzten Apps und Angebote unaufdringlich und präzise erfasst werden. Hier sind – anders als bei Befragungen – weder Verständnis- oder Erinnerungsprobleme zu befürchten, noch Effekte sozialer Erwünschtheit. Aus verschiedenen Gründen haben wir uns dennoch gegen ein Tracking und für eine Befragung entschieden. Erstens erfasst Tracking immer konkrete Nutzungsepisoden von Personen, von denen die Forscher hoffen, dass sie für deren *allgemeine Mediennutzung* repräsentativ sind. Das muss aber nicht immer der Fall sein.[13] Zweitens müsste das Tracking der Nachrichtennutzung auf computer-

---

13 Zur Unterscheidung von Nutzungsepisoden und Mediennutzungsmustern siehe ausführlicher Kapitel 4.1.

basierten Geräten mit Internetzugang um eine vergleichbare Messung der Nutzung in anderen Kanälen (z. B. klassisches Fernsehen oder Radio, gedruckte Zeitungen und Zeitschriften) ergänzt werden. Denn wir wollen ermitteln, wie hoch der Anteil algorithmisch personalisierter Kanäle an der *gesamten* Nachrichtennutzungsdauer in *allen* Kanälen ist. Der Aufwand für das notwendige *vollständige* Tracking wäre immens und es würde sich kaum eine größere repräsentative Stichprobe realisieren lassen. Drittens ist der technische und administrative Aufwand von Tracking-Studien ohnehin erheblich, da alle Teilnehmer eine Software auf allen genutzten Endgeräten (Computer, Smartphone, Tablet usw.) installieren müssen. Viertens erfassen Tracking-Anwendungen nur einen Teil der Nutzungsvorgänge, der – je nach den Privacy-Einstellungen auf Geräten bzw. in Apps und je nach technischen Spezifikationen der genutzten Angebote – individuell unterschiedlich groß ist. Damit hat Tracking zumindest derzeit mit überraschend großen Validitätsproblemen zu kämpfen (siehe dazu auch die Ausführungen von Stark et al., 2017, S. 66 ff.). Fünftens liefert Tracking für jedes Endgerät und dort getrennt für Apps und Webbrowser separate Daten, die mitunter nur eingeschränkt vergleich- und zusammenführbar sind. Möchte man wie wir einen *geräteübergreifenden* APN-Nutzungsanteil erfassen, ist das ein Problem. Sechstens und letztens soll unsere Studie nicht nur den APN-Nutzungsanteil erheben, sondern Zusammenhänge mit Personenmerkmalen beleuchten. Hierfür gelten Befragungen als einzig forschungsökonomische Datenerhebungsmethode (Vreese & Neijens, 2016).

Die avisierte Grundgesamtheit unserer Online-Befragung umfasste all jene Menschen, die in Deutschland leben, die deutsche Sprache verstehen und zumindest gelegentlich das Internet nutzen. Die Rekrutierung der Befragten erfolgte über den professionellen Panel-Dienstleister *Lightspeed*, der eine online-repräsentative Stichprobe hinsichtlich Alter (nach Koch & van Eimeren, 2016), Geschlecht und Bildung (nach AGOF, 2017) rekrutierte und eine ausreichende Strukturgleichheit sicherstellte. Insgesamt n=1.005 Personen füllten den Online-Fragebogen ordentlich und bis zum Ende aus. Teilnehmer, die den Fragebogen unglaubwürdig schnell beantworteten (unter fünf Minuten für alle Fragen), wurden dabei ausgeschlossen. Die Stichprobe war durchschnittlich M=43,7 Jahre alt (Standardabweichung SD=16 Jahre), wies ein ausgeglichenes Geschlechterverhältnis auf (48,3 Prozent weiblich) und entsprach auch hinsichtlich der formalen Bildung (max. Hauptschulabschluss: 29,5 Prozent, mittlerer Schulabschluss: 33 Prozent, Abitur bzw. Hochschulabschluss: 37,5 Prozent) dem deutschen Online-Durchschnitt. Die Befragten sollten zusätzlich die Größe ihres (Haupt-)Wohnorts angeben (Einteilung in Anlehnung an BBSR, o. J.): 18,6 Prozent kamen aus Landgemeinden (max. 5.000 Einwohner) und Kleinstädten (max. 20.000 Einwohner), 26,7 Prozent aus Mittelstädten (max. 100.000 Einwohner), 18,2 Prozent aus kleinen Großstädten (max. 500.000 Einwohner)

3.2 Methode

und 19,7 Prozent aus größeren Großstädten (über 500.000 Einwohner). Um den Einfluss des sozioökonomischen Status vollständig abzudecken, wurde schließlich auch das monatliche Haushalts-Nettoeinkommen der Befragten erfasst. Hier lag die Stichprobe (18,2 Prozent unter 1.000 Euro; 33,7 Prozent unter 2.000 Euro; 25,5 Prozent unter 3.000 Euro sowie 22,7 Prozent mit 3000 Euro und mehr) leicht unter dem deutschen Bevölkerungsdurchschnitt.[14]

Neben einer Reihe von Persönlichkeitsvariablen (dazu mehr in Kapitel 4) wurde die Nachrichtennutzung der Teilnehmer als Stichtags-Selbstauskunft (bezogen auf den Vortag des jeweiligen Ausfülltages) erhoben. Das Konstrukt ‚Nachrichten' wurde zu Beginn des Fragebogens und später noch einmal erläutert als „Informationen aus Politik, Wirtschaft und Kultur aus Deutschland und aller Welt". Da die klassischen Offline-Nachrichtenkanäle per definitionem nicht personalisiert sind, wurde deren Nutzungsdauer („Wie lange haben Sie gestern Nachrichten in den folgenden Medien genutzt?") anhand der groben Mediengattungen Fernsehen, Print („gedruckte Zeitungen oder Zeitschriften") und Radio abgefragt. Zusätzlich wurde die Nachrichtennutzungsdauer im Internet erfasst. In Anlehnung an den European Social Survey (2014, S. 3) kam für alle Mediengattungen eine siebenstufige Skala zum Einsatz: „gar nicht", „bis zu 1/4 Stunde", „1/4 bis 1/2 Stunde", „1/2 bis 1 Stunde", „mehr als 1 Stunde, bis zu 1 1/2 Stunden", „mehr als 1 1/2 Stunden, bis zu 2 Stunden" sowie „mehr als 2 Stunden".

Um die Nutzung von algorithmisch personalisierten und nicht-algorithmischen Online-Nachrichtenkanälen so valide wie möglich abzufragen, wurde folgendermaßen vorgegangen: In einer Theorie- und Praxis-Recherche trugen wir zunächst alle Online-Nachrichtenkanäle zusammen, die von einer ausreichenden Anzahl von Bürgern genutzt werden (vgl. verfügbare Daten im MedienVielfaltsMonitor, zuletzt II/2017[15]) und deren Umgang soweit bewusst erfolgt, dass er mittels Selbstauskunft beschrieben werden kann. Zudem achteten wir darauf, Kategorien zu bilden, die sich möglichst trennscharf als algorithmisch personalisiert oder nicht-algorithmisch einordnen lassen. Eine Kategorie wie ‚Social Media' kam deshalb nicht infrage, weil hierunter sowohl algorithmisch personalisierte Plattformen wie Facebook als auch nicht-algorithmische Angebote wie Wikipedia oder Blogs fallen. Im Fragebogen wurden die zusammengetragenen Online-Nachrichtenkanäle mittels gängiger, d. h. vielen Bürgern vertrauter Begriffe bezeichnet, gegebenenfalls kurz

---

14 https://de.statista.com/statistik/daten/studie/3048/umfrage/privathaushalte-nach-monatlichem-haushaltsnettoeinkommen/ (12.02.2018)
15 https://www.die-medienanstalten.de/fileadmin/user_upload/die_medienanstalten/Themen/Forschung/Medienkonvergenzmonitor/DLM_MedienVielfaltsMonitor.pdf (23.05.2018)

beschrieben und anhand von einschlägigen Beispielen konkretisiert. Das sollte es den Befragten erleichtern, die genutzten Nachrichtenkanäle einer der genannten Gattungen zuzuordnen. Die Abfrage der genutzten Online-Nachrichtenkanäle wurde mit dieser Formulierung eingeleitet: „Jetzt geht es um Nachrichten, die Sie am Computer, Tablet, Smartphone oder an anderen Geräten mit Internetzugang nutzen. Wie lange haben Sie gestern Nachrichten in den folgenden Quellen gelesen oder gesehen?" Danach wurde die Nutzungsdauer folgender algorithmisch personalisierter Nachrichtenkanäle abgefragt: Social Network Sites, Videoplattformen, Suchmaschinen, personalisierbare Apps und Websites. Als nicht-algorithmische Kanäle wurden erfasst: Direktzugriff auf Nachrichten-Websites sowie Nachrichten in Apps von Zeitungen, Zeitschriften oder Fernsehsendern. Die Antworten erfolgten wieder auf der oben beschriebenen siebenstufigen Zeitskala. Da wir davon ausgingen, dass die Unterscheidung in algorithmisch personalisierte und nicht-personalisierte Online-Kanäle vielen Befragten nicht geläufig sein würde, haben wir auf entsprechende Hinweise verzichtet. Tabelle 2 zeigt die erfassten Kategorien für Nachrichtenkanäle und die jeweiligen Item-Formulierungen.

Tab. 2 Nachrichtenkanäle und Nutzungsabfrage

Kanal	Item-Formulierung
Offline-Nachrichtenkanäle	
Fernsehen	„Fernsehen"
Radio	„Radio"
Printmedien	„Gedruckte Zeitungen oder Zeitschriften"
Online-Nachrichtenkanäle	
Nicht-algorithmische Nachrichtenkanäle	
Nachrichten-Websites	„Nachrichten, die ich direkt auf einer Nachrichten-Website abgerufen habe (z. B. Spiegel.de, Bild.de)"
Nachrichten-Apps	„Nachrichten aus Apps von Zeitungen, Zeitschriften oder Fernsehsendern (z. B. Spiegel Online App, Focus App)"
Algorithmisch personalisierte Nachrichtenkanäle (APN)	
Social Network Sites	„Nachrichten, auf die ich bei Facebook, Twitter oder anderen sozialen Netzwerken gestoßen bin (z. B. auch Xing, Google+)"
Suchmaschinen	„Nachrichten, die ich bei einer Suchmaschine gefunden habe (z. B. Google Suche, Bing)"
personalisierbare Nachrichten-Apps	„Nachrichten aus Apps, die ich nach meinen Interessen und Vorlieben personalisieren kann (z. B. Upday, Google Now, Apple News)"
Videoplattformen	„Nachrichten, auf die ich bei einer Videoplattform gestoßen bin (z. B. YouTube, myvideo)"
personalisierbare Nachrichten-Websites	„Nachrichten aus Websites, die ich nach meinen Interessen und Vorlieben personalisieren kann (z. B. Google News)"

Um aus den Antworten der Befragten ihr Zeitbudget für die jeweiligen Offline- und Online-Nachrichtenkanäle am Vortag zu ermitteln, wurde in der späteren Datenanalyse jeder Skalenpunkt in einen theoretisch durchschnittlichen Minutenwert umgerechnet; die Ausprägung „½ bis 1 Stunde" entsprach damit beispielsweise 45 Minuten (Scoring in Anlehnung an Mögerle, 2009, 181 f.).

3.3 Ergebnisse

Abbildung 4 zeigt die durchschnittlichen Nutzungsdauern aller abgefragten Kanäle. Wie in anderen Studien auch (z. B. Digital News Report 2016, Hölig & Hasebrink, 2016, S. 536), dominieren in unserer Befragung Fernsehen mit 38 Nutzungsminuten und Radio mit 26 Minuten als längstgenutzte Nachrichtenquellen am Vortag. Die Bedeutung von Printmedien als Nachrichtenkanäle ist unter den befragten Online-Nutzern mit zwölf Minuten gering; sie landen sogar noch hinter klassischen Nachrichten-Websites mit 14 Nutzungsminuten. Da mittlerweile auch nicht-personalisierbare Nachrichten-Apps, also die Smartphone- und Tablet-Versionen journalistischer Quellen, nennenswerte Nutzungszahlen (acht Minuten) aufweisen, kommen alle nicht-algorithmischen Nachrichtenkanäle – Fernsehen, Radio, Printmedien, Nachrichten-Websites und Nachrichten-Apps – zusammen auf insgesamt 98 Nutzungsminuten (offline: 76 Minuten; online: 22 Minuten). Auf der anderen Seite spiegeln sich die oben dargelegten Befunde dazu, welche Bedeutung algorithmisch personalisierte Nachrichtenkanäle haben, auch in den Nutzungsminuten in unserer Befragung wider. Die am längsten genutzten APN sind Social Network Sites (13 Minuten) und Suchmaschinen (8 Minuten). Aber auch die anderen Kanäle weisen nennenswerte Nutzungszeiten über fünf Minuten auf. Damit ergibt sich in der Summe eine durchschnittliche APN-Nutzung von 37 Minuten, die die Befragten laut Selbstauskunft am Vortag für Nachrichten aufgewendet haben – ein Wert, der über alle Befragten hinweg stark streut (SD=65 Min.). Dazu mehr in Kapitel 4.

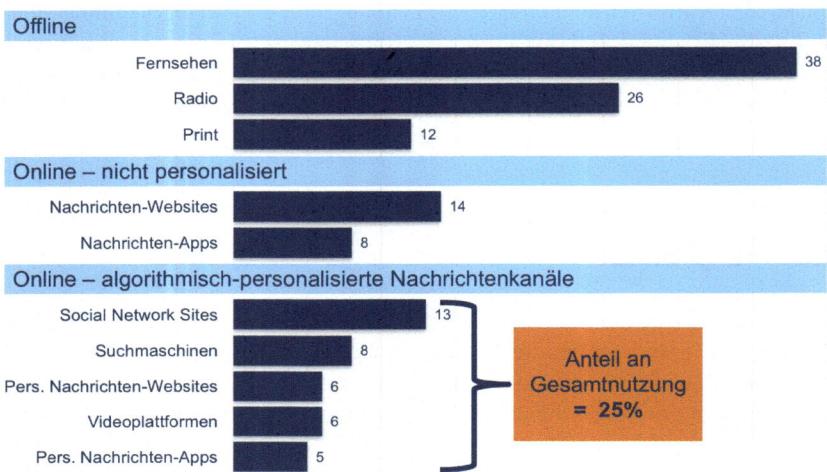

Abb. 4 Nachrichtenkanäle und Nutzung gestern in Minuten
n=988-1.001

Die vorliegenden Daten erlauben es im zweiten Schritt, den *relativen* APN-Nutzungsanteil an der gesamten individuellen Nachrichtennutzung zu ermitteln und Forschungsfrage 1 zu beantworten. Bei einer absoluten APN-Nutzungsdauer von 37 Minuten (APN_{abs}) und 134 Nutzungsminuten über alle Kanäle hinweg, ergibt sich ein relativer Nutzungsanteil (APN_{rel}) von 25 Prozent (SD=27 Prozent).[16] Das bedeutet: Ein durchschnittlicher Bürger mit Online-Zugang – das waren 2017 in Deutschland 90 Prozent der Bevölkerung (Koch & Frees, 2017) – nutzt in einem Viertel der Zeit, in der er oder sie sich über Politik, Wirtschaft und Kultur in Deutschland und aller Welt informiert, algorithmisch personalisierte Kanäle. In einer weiteren repräsentativen Online-Befragung, die im Dezember 2017 an unserem Lehrstuhl durchgeführt wurde, kam dasselbe Abfragemodell mit kleineren Abweichungen zum Einsatz. Auch hier lag der APN-Nutzungsanteil bei etwa 25 Prozent.[17] In einer Studie von Stark et al. (2017) entfielen bei der Nutzung mobiler

---

16 Der relative APN-Nutzungsanteil wurde auf Individualebene berechnet, die hier angegebenen 25 Prozent sind davon der Durchschnittswert. Abweichungen zur Berechnung über die in Abb. 4 angegebenen Werte aufgrund von Rundungsfehlern.

17 DFG-Projekt „Vertrauen in Journalismus im medialen Strukturwandel" (Förderkennzeichen SCHW 1172/8-1); weitere Informationen: http://medienvertrauen.uni-hohenheim.de.

3.3 Ergebnisse

Endgeräte 40 Prozent der Nutzungsdauer auf Informationsintermediäre, davon 20 Prozent auf den WhatsApp Messenger, den wir jedoch nicht als APN definieren. Knapp 15 Prozent der Zeit wurden Facebook, YouTube und Google Search genutzt. Diese Werte deuten in eine ähnliche Richtung wie unsere Befragung: Denn für die Nachrichtennutzung über die auch bei Stark et al. erfassten Kanäle SNS, Videoplattformen und Suchmaschinen – und damit ohne personalisierte Nachrichten-Websites und Apps – ergab sich in unserer Befragung ein vergleichbarer Nutzungsanteil von 20 Prozent.

Nun ist zu vermuten, dass unser Abfragemodell die individuelle Nutzungsdauer von APN tendenziell überschätzt, weil diese mit insgesamt fünf Kanälen vergleichsweise kleinteilig abgefragt wurden, während die Erhebung der vielen nicht-personalisierten Medien und Kanäle mit ebenfalls fünf Kategorien gröber ausfiel. Die Kumulation der jeweiligen Selbsteinschätzungen der Befragten zu ihrer täglichen Nutzung algorithmischer Informationskanäle, die sie vielleicht auch nicht vollständig korrekt einordnen konnten, mag zu einem solchen Schätzfehler führen. Wir haben den APN-Nutzungsanteil deshalb zusätzlich in einer zweiten Variante erfasst, die die Gefahr eines kumulativen Schätzfehlers ausschließt. Dabei sollten die Teilnehmer gegen Ende des Fragebogens, nachdem sie sich ausführlich mit der Thematik und verschiedenen Beispielen auseinandergesetzt hatten, folgende Frage beantworten: „Nun speziell zu personalisierten Nachrichtenangeboten. Dazu gehören Facebook, Twitter, Suchmaschinen, Nachrichten-Apps wie upday oder Google Now. Diese Angebote schlagen Nutzern Nachrichten vor, die zu ihren Interessen und Vorlieben passen. Wie viel Zeit Ihrer gesamten Nachrichtennutzung (Fernsehen, Radio, Zeitung, Internet, usw.) haben Sie gestern mit personalisierten Nachrichten verbracht? – Schätzen Sie den ungefähren Anteil in Prozent."

Der Prozentanteil konnte mittels eines Schiebereglers frei zwischen 0 und 100 Prozent angegeben werden. Tatsächlich lag der Mittelwert dieser *globalen Selbstauskunft mit vorheriger Erklärung* (APN_{global}) mit 21 Prozent etwas niedriger (SD=23 Prozent) als APN_{rel} mit 25 Prozent. Allerdings unterschieden sich beide Werte nicht substantiell und korrelierten zudem recht deutlich miteinander (r=0,28; p<0,001). Wir gehen deshalb davon aus, dass der APN-Nutzungsanteil deutscher Onliner mit dem beschriebenen Vorgehen valide gemessen wurde und im Jahr 2017 bei mindestens einem Fünftel der gesamten Nachrichtennutzung lag. In den weiteren explorativen Auswertungen leistete APN_{rel} durchgehend höhere Varianzaufklärungen als die globale Selbstauskunft APN_{global} und scheint uns daher die geeignetere Operationalisierung des APN-Nutzungsanteils zu sein. Im Folgenden arbeiten wir entsprechend mit APN_{rel} weiter.

Abbildung 5 zeigt die Verteilung des APN-Nutzungsanteils (APN_{rel}) in der gesamten Stichprobe. Es wird deutlich, dass man die befragten Internetnutzer in drei etwa gleich große Gruppen aufteilen kann: 34 Prozent nutzen überhaupt keine algorithmisch personalisierten Nachrichtenkanäle und können als Nichtnutzer bezeichnet werden. Knapp 30 Prozent nutzen zwar APN, bleiben aber bei einem Nutzungsanteil von unter 30 Prozent ihrer gesamten Nachrichtennutzung (Wenignutzer). Knapp 37 Prozent schließlich sind Vielnutzer; ihr APN-Nutzungsanteil liegt bei 30 Prozent und mehr. Innerhalb der Vielnutzer lassen sich wiederum Extremgruppen darstellen: 16 Prozent informieren sich mindestens die Hälfte der Zeit über APN und knappe zehn Prozent weisen einen APN-Nutzungsanteil von 66 Prozent und mehr auf. Wir kommen in Kapitel 5 auf die Nutzergruppen zurück.

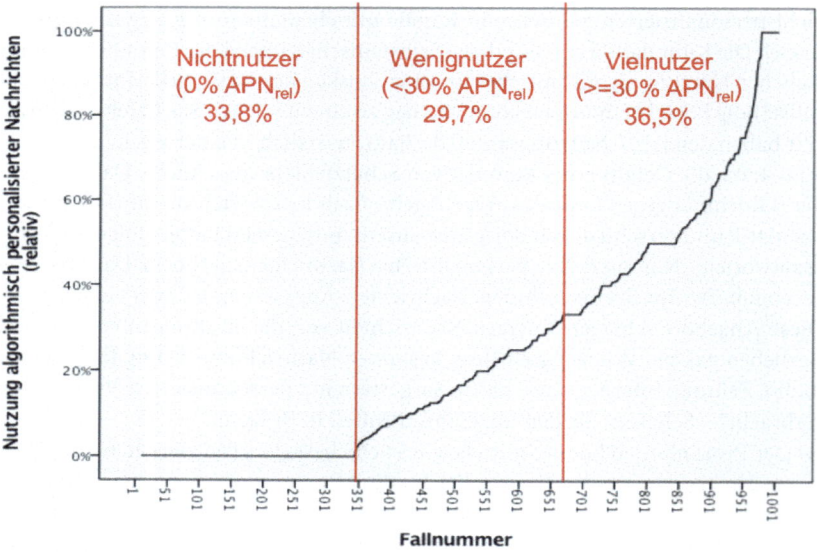

Abb. 5 APN-Nutzungsanteil – Verteilung und drei Gruppen

3.4 Zwischenfazit

Das erste Ziel der Studie bestand darin, mittels einer online-repräsentativen Online-Befragung eine metrische Größe für den zeitlichen Anteil zu ermitteln, den Individuen bei ihrer Nachrichtennutzung mit algorithmisch personalisierten Kanälen verbringen. Die größte Herausforderung dieses Unterfangens liegt in der

3.4 Zwischenfazit

Schwierigkeit, Befragten ein abstraktes und für viele Menschen schwer nachvollziehbares Konstrukt wie APN erklärlich zu machen. Wir haben dieses Problem zu lösen versucht, indem wir die Befragungsteilnehmer gebeten haben anzugeben, wie lang sie allgemein bekannte Nachrichtenkanäle am Vortrag genutzt haben, die wir a priori aus theoretischer Perspektive als APN oder nicht-personalisierte Angebote eingeordnet haben. Bei dieser Berechnung ergab sich zunächst eine tägliche Nutzungsdauer algorithmisch personalisierter Nachrichtenkanäle von 37 Minuten (APN_{abs}). Der hier im Mittelpunkt stehende APN-Nutzungsanteil (APN_{rel}) lag bei 25 Prozent. Das ist ein Wert, der trotz unterschiedlicher Operationalisierungen zu den Befunden anderer Studien passt und deshalb valide erscheint. Ein durchschnittlicher Bürger mit Onlinezugang nutzt damit ein Viertel der Zeit, in der er/sie sich über Politik, Wirtschaft und Kultur in Deutschland und aller Welt informiert, algorithmisch personalisierte Kanäle. Während ein knappes Drittel der deutschen Onliner gar keine APN nutzt, gehören knapp 37 Prozent mit einem Nutzungsanteil von mehr als 30 Prozent zu den Vielnutzern.

An einer späteren Stelle im Fragebogen wurde eine alternative Operationalisierung getestet (APN_{global}). Hierfür wurde den Befragten, die sich durch das Ausfüllen der vorherigen Fragen bereits eine gewisse Expertise erworben hatten, das Konstrukt des APN-Nutzungsanteils explizit erklärt. Daraufhin sollten Sie ihren persönlichen APN-Nutzungsanteil per Schieberegler selbst angeben. Das Resultat lag mit 21 Prozent (APN_{global}) nicht nur ziemlich nah an den 25 Prozent von APN_{rel}; es fiel auch, wie theoretisch prognostiziert, etwas niedriger aus. Das ermuntert uns zu der Annahme, bei der Messung alle relevanten Aspekte bezüglich der Auskunftsfähigkeit von Online-Nutzern berücksichtigt zu haben. Dennoch sollte man beide Messvarianten (APN_{rel} und APN_{global}) nur mit Vorsicht als absolute bzw. deskriptive Maße verwenden. Das ist jedoch auch gar nicht nötig, wenn man wie wir im Folgenden untersuchen will, wie der individuelle APN-Nutzungsanteil mit Personenmerkmalen und (extremen) Einstellungen zusammenhängt. Denn hierfür reicht eine Variable, die für jeden Befragten angibt, wo sein oder ihr APN-Nutzungsanteil *innerhalb der Gesamtverteilung* verortet ist.

4 APN-Nutzungsanteil und Personenmerkmale

Wenn Individuen unterschiedliche Anteile algorithmischer Nachrichtenkanäle an ihrer gesamten Nachrichtennutzung aufweisen, führt das zur Frage, wie der APN-Nutzungsanteil mit verschiedenen Eigenschaften von Nachrichtennutzern zusammenhängt. Die Exploration von Zusammenhängen zwischen Individualmerkmalen und APN-Nutzungsanteil ist aus mindestens zwei Gründen relevant: Zum einen kann empirisch fundiertes Wissen darüber, welche Nutzereigenschaften mit dem APN-Nutzungsanteil korrelieren, wertvolle Hinweise liefern für die Entwicklung einer umfassenden Antwort auf die Frage, warum Menschen ihre Nachrichtennutzung auf solche Kanäle fokussieren oder diese eher meiden. Dieses Wissen ist auch von gesellschaftlicher und praktischer Relevanz. Denn wenn die in Kapitel 2 skizzierten Folgen einer sich allgemein verstärkenden APN-Nutzung zutreffen und tatsächlich mit Fragmentierungs- und Polarisierungstendenzen einhergehen (Kapitel 5), scheint es vor dem Hintergrund demokratietheoretischer Vorstellungen gerechtfertigt, dieser Entwicklung aktiv entgegenwirken zu wollen. Verstärkte Aufklärung mit dem Ziel einer Verhaltensänderung derjenigen mit hohen APN-Nutzungsanteilen kann dabei ein Weg sein. Effektive Intervention erfordert aber möglichst präzises und umfassendes Wissen über die ‚Risikogruppe': Je genauer man das Profil dieser Personen kennt, desto eher kann man daraus Interventionsformen ableiten und zielgruppengenaue Informationskampagnen konzipieren. Nur empirische Studien zu Zusammenhängen zwischen Personenmerkmalen und APN-Nutzungsanteil können dieses Wissen bereitstellen.

4.1 Forschungsstand, Forschungsfragen und Hypothesen

Dass es vielfältige Zusammenhänge zwischen den sozialen, psychologischen und demografischen Eigenschaften von Menschen und ihren Mediennutzungspräferenzen und mustern gibt, ist empirisch seit Langem gesichert (vgl. den Überblick bei Schweiger, 2007, S. 269 ff.). Erkenntnisse zur Frage, welche Personenmerkmale mit der informationsorientierten Nutzung algorithmisch personalisierter Online-Angebote (APN_{abs}) sowie der Konzentration der Nachrichtennutzung auf solche Kanäle (APN_{rel}) zusammenhängen, sind hingegen bisher begrenzt. Neben einer vergleichsweise überschaubaren Anzahl an Studien zu dieser Frage resultiert diese Forschungslücke auch daraus, dass in den verfügbaren Studien häufig nur einzelne Kanäle bzw. deren informationsorientierte Nutzung betrachtet wurden und nicht die gesamte Nachrichtennutzung einer Person. Auf dieser Grundlage konnten dann meist auch nur Zusammenhänge zwischen Personeneigenschaften und der Nutzungsintensität *einzelner* Nachrichtenkanäle ermittelt werden. Befunde zur hier in Rede stehenden kanalübergreifenden Konzentration auf algorithmisch personalisierte Nachrichtenkanäle fehlen bislang.

Dennoch liefern Studien zur Nutzungsintensität einzelner Nachrichtenkanäle erste Hinweise auf mögliche Persönlichkeits-Korrelate des individuellen APN-Nutzungsanteils. Wir berücksichtigen im Folgenden Nutzereigenschaften, für die verfügbare Studien Zusammenhänge nahelegen, und ergänzen sie um Eigenschaften, für die sich plausible Vermutungen über Zusammenhänge mit dem APN-Nutzungsanteil anstellen lassen. Diese umfassen zunächst (a) die soziodemografischen Merkmale Alter, Geschlecht und formale Bildung, sowie aus explorativem Interesse das Einkommen des Haushalts sowie die Größe des Wohnortes, in dem eine Person lebt. Darüber hinaus werden (b) allgemeine Mediennutzungsmuster und medienbezogene Einstellungen, (c) politikbezogene Eigenschaften wie politisches Interesse und politische Einstellungen sowie (d) psychologische Persönlichkeitseigenschaften ausführlicher beleuchtet.

Soziodemografika

Die in der bisherigen Forschung dokumentierten Zusammenhänge zwischen soziodemografischen Eigenschaften und der Nutzung von APN wurden bereits in vorigen Kapitel besprochen. Entsprechend vermutet Hypothese 2.1 eine negative Korrelation zwischen dem APN-Nutzungsanteil und dem *Alter* von Online-Nutzern. Forschungsfrage 2.1 fragt auf Grund des wenig eindeutigen oder fehlenden Forschungsstandes nach Zusammenhängen zwischen dem APN-Nutzungsanteil und dem *Geschlecht,* der *formalen Bildung,* dem *Haushalts-Nettoeinkommen* und der *Größe des Wohnorts,* in dem eine Person lebt.

4.1 Forschungsstand, Forschungsfragen und Hypothesen

Bevor wir zu den weiteren Merkmalen kommen, noch eine Anmerkung: Wir sprechen bewusst von *Zusammenhängen* bzw. *Korrelationen* zwischen Personeneigenschaften und dem APN-Nutzungsanteil, weil in einer Querschnitt-Befragung grundsätzlich keine Kausalität nachgewiesen und in vielen Fällen auch keine Einflussrichtung plausibilisiert werden kann. Das betrifft hauptsächlich politikbezogene Personenmerkmale sowie Mediennutzungsmuster und medienbezogene Einstellungen. Beispielsweise muss offenbleiben, ob Menschen mit einer hohen politischen Selbstwirksamkeitswahrnehmung zur häufigen Nutzung algorithmisch personalisierter Nachrichten neigen oder ob umgekehrt deren Nutzung die Selbstwirksamkeitswahrnehmung erhöht. Ebenso ist eine Einflussrichtung zwischen dem APN-Nutzungsanteil und der Neigung zur Nutzung einstellungskonsonanter Medien und Inhalte (Selective-Exposure-Neigung als Mediennutzungsmuster) nicht zu klären. Bei demografischen und psychologischen Eigenschaften hingegen ist die Kausalitätsrichtung meist eindeutig. Dass das Geschlecht, das Alter oder die Extraversion einer Person ihren Umgang mit Onlinemedien prägt, ist plausibel, nicht jedoch die umgekehrte Richtung.

Mediennutzungsmuster und medienbezogene Einstellungen

Mediennutzung kann als Verhalten in konkreten Nutzungsepisoden verstanden werden oder aber als allgemeines, situationsübergreifendes Verhalten (vgl. Schweiger, 2005, S. 175 f.). In Nutzungsbeobachtungen und damit auch bei automatisierten Tracking-Methoden im Netz werden Nutzungsepisoden mit einem eindeutig bestimmbaren Zeitpunkt, einem Anfang und Ende erfasst. Befragungen erheben dagegen meist Nutzungsgewohnheiten bzw. Mediennutzungsmuster. Das gilt auch für Stichtagsbefragungen, selbst wenn diese – so wie wir es getan haben – vermeintlich konkret nach der *gestrigen* Nutzungsdauer von Nachrichtenkanälen fragen. Denn üblicherweise können sich Befragte an ritualisiertes Verhalten, wie es Mediennutzung darstellt, selbst einen Tag später kaum mehr konkret erinnern. Dennoch haben sich Stichtagsbefragungen aus verschiedenen Gründen zur Messung von Mediennutzungsmustern bewährt:

1. Auch wenn sich Befragte nicht detailliert an gestern erinnern, ist diese Erinnerung auf jeden Fall frischer als die Erinnerung an vergangene Woche oder den letzten Monat.
2. Eine Stichtagsbefragung lässt den Teilnehmern weniger interpretativen Spielraum als übliche Mediennutzungsmuster-Abfragen à la „Wie häufig nutzen Sie Facebook? – nie, selten, gelegentlich, häufiger, täglich".
3. Drittens erschwert die Stichtagslogik den üblichen Looking-good-Effekt von Befragungen: Da sich Befragte in ihrer Selbstauskunft positiv präsentieren

wollen, neigen sie generell zu sozial erwünschten Antworten. Das geschieht auch bei Fragen zur Mediennutzung und führt zur systematischen Unterschätzung von Medien, die ein schlechtes Image genießen oder gar als schädlich gelten. Jahrzehnte war in Deutschland vor allem das Fernsehen von diesem Effekt betroffen, weshalb automatisierte TV-Nutzungserhebungen (sog. Telemetrie) immer längere Zuwendungsdauern ermittelten als Befragungen. In unserem Zusammenhang ist es beispielsweise denkbar, dass Befragte ihre Facebook-Nutzung unterschätzen (wollen) und ihre Wikipedia-Zugriffe überschätzen (wollen), weil Facebook ein boulevardeskes Image anhaftet und Wikipedia als Lexikon und damit als ‚Bildungsgut' gilt. Je abstrakter ein Fragebogen Mediennutzung erhebt und je mehr interpretativen Spielraum er den Teilnehmern lässt (Punkt 2), desto leichter macht er ihnen sozial erwünschte Antworten nach dem Motto: „Gestern habe ich zwar ewig in Facebook gehangen, aber das mache ich sonst ja nie". Bezieht sich der Fragebogen jedoch explizit auf das Verhalten gestern, versperrt man zumindest ehrlichen Naturen die Möglichkeit einer solcherart verzerrten Antwort.

Auch der APN-Nutzungsanteil ist ein Mediennutzungsmuster, das sich nicht auf einzelne Medien bzw. Kanäle bezieht, sondern erst aus dem Verhältnis kanalspezifischer Nutzungsmuster rekonstruiert werden kann. Schweiger (2005) bezeichnet solche medienübergreifenden Nutzungsgewohnheiten als transmediale Nutzungsmuster. Beispiele hierfür sind die ‚Selektivität', also die Neigung von Rezipienten, häufiger zwischen Angeboten oder Beiträgen zu wechseln und diese eher kurz zu rezipieren (‚Zapping'), oder die generelle Tendenz, Werbung zu beachten oder eher zu vermeiden bzw. zu ignorieren. In diesem Sinn ist auch die Neigung von Rezipienten zur Nutzung algorithmisch personalisierter Nachrichtenkanäle ein transmediales Nutzungsmuster. Es ist zwar nur online möglich, erstreckt sich dort aber, wie wir bereits gesehen haben, über unterschiedlichste Kanäle. Schweiger (2006) konnte empirisch zeigen, dass transmediale Nutzungsmuster stärker mit der Persönlichkeit eines Menschen korrelieren als medien*spezifische* Nutzungsgewohnheiten, weil erstere weniger von den technischen, gestalterischen und inhaltlichen Eigenschaften des jeweiligen Mediums oder Kanals geprägt sind (sog. Aufforderungscharakteristika bzw. Affordances, vgl. Hutchby, 2001). Aus dieser Perspektive ist es also wahrscheinlich, dass der APN-Nutzungsanteil auch mit anderen transmedialen Nutzungsmustern zusammenhängt. Wir wollen das anhand von zwei medienübergreifenden Nutzungsstilen untersuchen: der allgemeinen Nachrichtennutzungsdauer und der Selective-Exposure-Neigung. Neben diesen beiden Nutzungsmustern wollen wir noch ein medienbezogenes Einstel-

4.1 Forschungsstand, Forschungsfragen und Hypothesen

lungskonstrukt berücksichtigen, das unmittelbar mit dem APN-Nutzungsanteil zusammenhängen könnte: die Skepsis gegenüber personalisierten Nachrichten.

Zunächst zur *allgemeinen Nachrichtennutzungsdauer*, also zur Zeitspanne, die Individuen täglich in allen verfügbaren Medienkanälen mit Nachrichten verbringen. Empirische Befunde zum Zusammenhang zwischen der Nutzung traditioneller Massenmedien und der Nutzung des Internet (z. B. Dutta-Bergman, 2006; Nguyen & Western, 2006) oder, spezifischer, sozialer Medien (z. B. Gil de Zúñiga, Diehl, Huber & Liu, 2017) als Nachrichtenkanal deuten jeweils in dieselbe Richtung: Je häufiger Bürger Nachrichten in klassischen Massenmedien nutzen, desto häufiger tun sie das auch online bzw. in sozialen Medien (,The-more-the-more'-Effekt, vgl. Kiefer, 1989: 344). Eindeutige Erkenntnisse zur Beziehung zwischen dem gesamten Ausmaß der Nachrichtennutzung einer Person und ihrer Konzentration auf algorithmisch personalisierte Kanäle liegen aber unseres Wissens bislang nicht vor. Erste Hinweise gibt eine Studie von Beam und Kosicki (2014). Sie fanden, dass die Nutzung personalisierter Nachrichtenkanäle positiv mit der Nutzung klassischer Offline-Nachrichtenmedien und der Anzahl der Nachrichten-Websites korreliert, die eine Person gewohnheitsmäßig besucht. Diese Befunde lassen zwar keine Aussage darüber zu, in welchem Verhältnis die allgemeine Nachrichtennutzungsintensität und die Fokussierung der Nutzung auf personalisierte Online-Kanäle stehen. Sie zeigen aber, dass Personen, die ihre Nachrichtennutzung online ausweiten, verstärkt auch personalisierte Kanäle nutzen. Den Grund dafür vermuten die Autoren darin, dass personalisierte Angebote durch die Filterung der Inhalte den Nutzern einen effizienten Umgang mit Nachrichten ermöglichen. Ausgehend von dieser Interpretation scheinen zwei Formen des Zusammenhangs zwischen der allgemeinen Nachrichtennutzungsdauer und dem APN-Anteil plausibel. Zum einen ein positiver Zusammenhang: Je mehr Nachrichten eine Person insgesamt nutzt, desto länger nutzt sie auch Nachrichten über algorithmisch personalisierte Kanäle, da diese Kanäle einen effizienteren Umgang mit dem höheren Informationsaufkommen ermöglichen, das wiederum mit einer intensivieren Nachrichtennutzung einhergeht. Zum anderen ist aber auch ein negativer Zusammenhang denkbar: Insbesondere für jene, die weniger Zeit für die Nachrichtennutzung und Bewältigung großer Informationsmengen aufwenden wollen oder können, wäre es funktional, einen großen Anteil ihrer Nachrichtennutzungsdauer auf APN zu verwenden.

Ein im vorliegenden Zusammenhang besonders naheliegendes transmediales Nutzungsmuster ist die menschliche Neigung, einstellungskonsonante Medienangebote und inhalte eher zu nutzen als einstellungsdissonante. Diese Selective Exposure baut auf der Theorie der kognitiven Dissonanz (Festinger, 1957) auf und wurde empirisch wiederholt bestätigt (D'Alessio & Allen, 2007). Es beeinflusst sowohl die Auswahl einzelner Beiträge als auch die Auswahl ganzer Medienangebote bzw.

marken (Iyengar & Hahn, 2009). Auch im Internet ist Selective Exposure vielfach nachgewiesen: Individuen selektieren nicht nur in Nachrichtenportalen bevorzugt meinungskonforme Beiträge und rezipieren sie länger (Knobloch-Westerwick, Carpentier, Blumhoff & Nickel, 2005); sie bevorzugen meinungskonforme Inhalte auch in Diskussionsforen (Knobloch-Westerwick & Meng, 2009). In algorithmischen Kanälen ist Selective Exposure ebenfalls nachgewiesen, z. B. in den Trefferlisten von Suchmaschinen (Knobloch-Westerwick, Johnson & Westerwick, 2015) und den Newsfeeds von SNS (Bakshy, Messing & Adamic, 2015; Winter, Metzger & Flanagin, 2016).

Wenn die Bevorzugung einstellungskonsonanter und die Vermeidung dissonanter Botschaften eine allgemeine menschliche Tendenz ist, ist davon auszugehen, dass sich Individuen in ihrer Neigung, sich so zu verhalten, unterscheiden (Tsfati, 2016). Dylko et al. (2017) vermuten, dass dieselben psychologischen Faktoren, die Selective Exposure bedingen (etwa das Bedürfnis, kognitive Dissonanz zu reduzieren), auch die Nutzung von APN fördern, weil diese die Automatisierung einstellungskonsonanter Medienauswahl unterstützen und Nutzer diese Neigung dort noch effizienter und effektiver ausleben können. Für den folglich zu erwartenden positiven Zusammenhang zwischen einer individuellen *Selective-Exposure-Neigung* und der Nutzung algorithmisch personalisierter Nachrichtenkanäle gibt es aber bislang keine Evidenz. Empirisch zeigen Dylko et al. (2017) ähnlich wie Beam (2014) mit Hilfe einer experimentellen Manipulation der Personalisierung einer Nachrichten-Website zwar, dass automatische Personalisierung Selective Exposure verursachen kann – nicht aber, wie die allgemeine Tendenz zur bevorzugten Nutzung einstellungskonsonanter und Vermeidung dissonanter Information mit einer Konzentration der Nachrichtennutzung auf solcherart personalisierten Kanäle korreliert.

So wie politische Einstellungen auf Grundlage der Selective-Exposure-Neigung für den individuellen Umgang mit APN relevant sein können, so können auch Wahrnehmungen von Algorithmen und ihren möglichen Effekten sowie entsprechende Einstellungen – wir nennen dieses Konstrukt nach Hölig und Hasebrink (2016) *Personalisierungsskepsis* – die Nutzung prägen. Schmidt, Merten und Hasebrink (2017) beschreiben auf der Basis von qualitativen Gruppendiskussionen und Interviews das Wissen und die Einstellungen deutscher Nutzer zu Intermediären. Das Spektrum reicht dabei von starker Skepsis gegenüber Intermediären bis hin zu grundsätzlichem Vertrauen. Insgesamt konnten die meisten zwischen Intermediären und den darüber erschlossenen Quellen und Inhalten differenzieren. Kritisiert wurden vor allem die Qualität der Inhalte und die Intransparenz der Algorithmen. Die Befragten nehmen algorithmisch generierte Vorschläge als „eine Art von eigener Entmündigung" (ebd., S. 91) wahr und wünschen sich mehr Informationen hinsichtlich der algorithmischen Auswahl. Dieser Wunsch findet sich auch in einer Befragung von niederländischen Forschern und dem Nachrichtenaggregator Blendle wieder (ter Hoeve et al., 2017): Drei Viertel der Teilnehmer stimmten der Frage „Would you like to see more information on why articles are selected for you?" vollständig oder teilweise zu und forderten damit mehr Transparenz hinsichtlich algorithmischer Personalisierung. Gegen eine solche Transparenz sprechen allerdings Barrieren in der praktischen Umsetzung, wie z. B. die Dynamik und Komplexität der eingesetzten Algorithmen, aber auch Bedenken, Nutzer mit solchen Informationen zu überfordern (vgl. Ananny & Crawford, 2017; Diakopoulos & Koliska, 2016).

Eine skeptische Haltung gegenüber APN kann in möglichen negativen Effekten begründet liegen. In einer Auswertung des Reuters Institute Digital News Report 2016 wurde die *Personalisierungsskepsis* von Onlinern in 26 Ländern, darunter Deutschland, in Form von drei Dimensionen erhoben: als die „Sorge, dass ich aufgrund stärker personalisierter Nachrichten" (1) „eventuell andere wichtige Informationen verpasse", (2) „eventuell gegensätzliche Meinungen verpasse" und (3) „meine Privatsphäre einem höheren Risiko ausgesetzt ist" (Hölig & Hasebrink, 2016). Die Skepsis der Deutschen war in allen drei Dimensionen mit Zustimmungswerten zwischen 42 und 46 Prozent etwa gleich ausgeprägt und fiel damit im internationalen Vergleich erstaunlich gering aus. Nutzer in Deutschland scheinen auf dem Spektrum der möglichen Einstellungen gegenüber APN eher in Richtung Vertrauen zu tendieren, z. B. weil diese Inhalte ausschließlich durch ‚unbestechliche' Algorithmen auswählen, die kein eigenes Interesse verfolgen außer dem, den Nutzern eine optimale Personalisierung zu bieten (Schmidt et al., 2017, S. 20). Diese Annahme bekräftigt auch eine repräsentative Bevölkerungsumfrage im Frühling 2018 (Fischer & Petersen, 2018), bei der die Befragten angeben sollten, was „der Mensch alleine entscheiden" sollte. Hier forderten lediglich 24 Prozent, die „individuelle Auswahl an Nachrichten und aktuellen Meldungen, die man als Internetnutzer angezeigt bekommt" dürfe man nicht den Algorithmen überlassen. Damit war die Skepsis gegenüber APN ähnlich gering wie die Skepsis gegenüber Algorithmen beim „Auffinden von Unregelmäßigkeiten in Steuererklärungen" (S. 27). Ein solches ‚Algorithmenvertrauen' (Schweiger, 2017, S. 107 f.) ist besonders bei Bürgern zu erwarten, die der Nachrichtenauswahl und -aufbereitung in den Mainstream-Medien misstrauen, weil Journalisten aus ihrer Sicht von den Mächtigen abhängig sind oder gar mit ihnen ‚unter einer Decke stecken'.[18] Wer dem Journalis-

---

18 Das bestätigte sich in einer Inhaltsanalyse von Nutzerkommentaren auf deutschen Nachrichten-Websites (Prochazka & Schweiger, 2016, S. 464). Die dort meistgenannte

mus wegen menschlicher Manipulationsversuche misstraut, steht möglicherweise neutralen Algorithmen besonders vertrauensvoll gegenüber.

Eine weitere qualitative Studie zum Nachrichtenvertrauen erfasste in Gruppendiskussionen die Wahrnehmung von Algorithmen unter Mediennutzern in den USA, Großbritannien, Spanien und Deutschland (Kantar Media, 2016). Die Mehrheit der Teilnehmer, darunter überwiegend Jüngere und technisch Versierte, sprach kaum über negative Aspekte von Algorithmen und hob besonders die Vorteile hervor. Hagen, Wieland und in der Au (2017) vermuten denn auch vor dem Hintergrund des überwiegend sorglosen Umgangs mit Facebook und anderen Angeboten, dass der Anteil derjenigen, die den Einfluss von Algorithmen auf die Nachrichtenauswahl und etwaige Effekte kritisch betrachten, eher gering ist. Im Edelmann Trust Barometer wird speziell nach dem Vertrauen in Suchmaschinen gefragt: 2017 gaben 64 Prozent der weltweit Befragten an, Suchmaschinen zu vertrauen (Edelman, 2017, S. 10). Dieser Wert lag nicht nur höher als das Vertrauen in traditionelle journalistische Medien mit 57 Prozent. Die Vertrauensmessungen zwischen 2012 und 2017 zeigen zudem einen gleichzeitigen Vertrauensrückgang beim Journalismus und einen Anstieg bei Suchmaschinen. Dass Nutzer insbesondere auch der Ergebnisauswahl und -sortierung von Suchmaschinen vertrauen, ist ebenfalls nachgewiesen: In einem Experiment attestierten Google-Nutzer Hyperlinks oben auf der Trefferliste – unabhängig vom konkreten Inhalt – eine höhere Glaubwürdigkeit als Treffern weiter unten (Westerwick, 2013). Sollte ein solcherart skizziertes Algorithmenvertrauen in der Bevölkerung stärker verbreitet sein, wäre das aus normativ-demokratietheoretischer Sicht beunruhigend. Denn die in APN eingesetzten Algorithmen sind nicht nur intransparent, sie werden von den Anbietern auch immer wieder verändert. Beispielsweise kündigte Facebook Anfang 2018 öffentlich an, weniger journalistische Inhalte in die Newsfeeds der Nutzer einzuspeisen.[19] Ob es in diesem Fall darum ging, die Gesellschaft vor Fake News zu schützen, oder ob ein wirtschaftliches Interesse dahinterstand, noch mehr Werbeeinnahmen zu generieren, wusste niemand. Dieses Beispiel ist nicht das einzige, das belegt, dass Nutzer in APN ebenfalls manipuliert werden können und dass dies bereits geschieht.

Auch wenn sich Personalisierungsskepsis und Algorithmenvertrauen auf einem unterschiedlichen Abstraktionsniveau befinden, verstehen wir sie hier als unter-

---

Begründung für wahrgenommene Qualitätsmängel im Journalismus ist dessen unterstellte Abhängigkeit von politischen und wirtschaftlichen Eliten.

19 Siehe https://www.facebook.com/zuck/posts/10104413015393571 sowie die darauf bezogene Berichterstattung, z. B. http://www.spiegel.de/netzwelt/web/facebook-newsfeed-inhalte-von-medien-werden-zurueckgestuft-a-1187430.html.

schiedliche Standpunkte auf einem Kontinuum der Einstellungen gegenüber APN. Auf Basis von Konsistenztheorien (z. B. Festinger, 1957) ist zu vermuten, dass je negativer solche Einstellungen sind, desto geringer auch die Konzentration der Nachrichtennutzung einer Person auf algorithmisch personalisierte Kanäle ist. Hier soll deshalb ein möglicher Zusammenhang zwischen Personalisierungsskepsis und dem APN-Nutzungsanteil geprüft werden. Empirische Erkenntnisse zu solch einem Zusammenhang sind unseres Wissens bisher nicht dokumentiert.

Zusammenfassend sollen folgende Forschungsfragen und Hypothesen zu Mediennutzungsmustern und medienbezogenen Einstellungen beantwortet werden: Forschungsfrage 2.2 sucht nach einem Zusammenhang zwischen der *allgemeinen Nachrichtennutzungsdauer* und dem APN-Anteil an dieser Nachrichtennutzung. Hypothese 2.2 vermutet Zusammenhänge des APN-Nutzungsanteils mit weiteren Mediennutzungsmustern, und zwar (a) eine positive Korrelation mit der *Selective-Exposure-Neigung* sowie (b) einen negativen Zusammenhang mit *Personalisierungsskepsis*.

Politikbezogene Nutzereigenschaften

Ein Personenmerkmal, das an der Schnittstelle zwischen medienbezogenen Einstellungen und medienübergreifenden Verhaltensmustern angesiedelt ist, aber auch einen deutlichen Politikbezug aufweist, ist *Duty to keep informed*. McCombs und Poindexter (1983) verstehen darunter die subjektiv wahrgenommene Verpflichtung, als verantwortungsbewusster Staatsbürger über das aktuelle politische Geschehen informiert zu sein. Trilling und Schoenbach (2013) zeigten, dass diese (mehr oder weniger stark) empfundene Pflicht positiv mit einem Anspruch auf einen *breiten* Nachrichtenüberblick korreliert. Solch ein Streben nach umfassender politischer Informiertheit könnte einerseits im Kontrast zur Nutzung von APN stehen, denn algorithmisch personalisierte Kanäle wählen in der Regel *persönlich* relevante Inhalte aus und stehen damit tendenziell einem umfassenden Überblick über *gesellschafts*relevante Nachrichten entgegen. Andererseits zeigt eine Studie von Lee und Chyi (2015) zu automatisierten Nachrichten-Aggregatoren, dass deren Nutzung bei Menschen mit stark informationsmotivierter Nachrichtenrezeption erhöht ist. Informationsmotivationen und gefühlte Informationsverpflichtungen scheinen also grundsätzlich für die Nutzung algorithmischer Nachrichtenkanäle relevant zu sein; eine eindeutige Vorhersage über ihren Zusammenhang mit der Konzentration der Nachrichtennutzung auf algorithmisch personalisierte Kanäle lässt sich aber momentan nicht treffen.

Während Duty to keep informed eine zumindest teilweise extrinsische Motivation der Nachrichtennutzung unterstellt, weil Bürger hier einer gesellschaftlich begründeten Pflicht zur Information nachkommen, basiert das *politische Interesse* bzw.

politisches Involvement (van Deth, 2013) eher auf einer intrinsischen Motivation. Entsprechend ist das politische Interesse eine klassische und meist erklärungsstarke Variable für die Nutzung von Nachrichten und sonstigen gesellschaftsrelevanten Inhalten (vgl. z. B. Boulianne, 2011; Strömbäck, Djerf-Pierre & Shehata, 2013; Trilling & Schoenbach, 2013 sowie Hölig, 2018 für aktive Twitterer). Mit Blick auf einen Zusammenhang zwischen politischem Interesse und der Nutzung algorithmischer Nachrichtenkanäle scheint es sinnvoll, neben der Stärke des Interesses auch dessen Breite zu betrachten.

- Die *Stärke* des politischen Interesses könnte relevant sein, weil algorithmische Nachrichtenkanäle politisch wenig interessierten Bürgern aufgrund ihrer Personalisierung das Umgehen bzw. Ignorieren politischer Nachrichten erleichtern und zufällige Nachrichtenkontakte unwahrscheinlicher machen können (vgl. Strömbäck et al., 2013 und Müller, 2017). Entsprechend ist eine negative Korrelation zwischen dem APN-Nutzungsanteil und der Stärke des politischen Interesses denkbar. Andererseits zeigen aktuelle Befunde von Gil de Zúñiga et al. (2017), dass die Intensität des politischen Interesses positiv mit der Nutzung von Social Media als Nachrichtenkanal korreliert. Allerdings ist fraglich, ob sich diese Befunde auf den APN-Nutzungsanteil generalisieren lassen, eben weil APN mehr als nur Social Media umfassen und nicht alle Social Media personalisiert sein müssen (siehe Kapitel 2.1). Dennoch ist auch diese Richtung des Zusammenhangs plausibel, etwa wenn politisch stark interessierte Personen APN nutzen, um sich viele unterschiedliche Quellen zu politischen Nachrichten zu erschließen.
- Die *Breite* des politischen Interesses betreffend ist es plausibel, dass Rezipienten, die sich nur für einzelne politische Felder interessieren (z. B. Energiepolitik, Verkehrspolitik, Tierschutz) und andere Felder ignorieren, die Personalisierungsleistung algorithmischer Nachrichten besonders schätzen und entsprechend einen höheren APN-Nutzungsanteil aufweisen. Genauso ist auch hier die umgekehrte Richtung denkbar: Politisch breit interessierte Personen könnten APN vor allem deshalb intensiv nutzen, weil sie die Kombination verschiedener Quellen und Themen erlauben.

Ein weiteres Personenmerkmal mit demokratietheoretischer Relevanz ist die *politische Selbstwirksamkeitswahrnehmung* (Political Efficacy). Sie beschreibt die individuelle Überzeugung, wirksam Einfluss auf politische Entscheidungen nehmen zu können (Campbell, Gurin & Miller, 1954, S. 187). Dabei wird zwischen interner und externer Selbstwirksamkeitswahrnehmung unterschieden (vgl. z. B. Niemi, Craig & Mattei, 1991).

4.1 Forschungsstand, Forschungsfragen und Hypothesen

- *External Self-Efficacy* (auch Responsivitätsüberzeugung) bezieht sich auf die Überzeugung, das politische System bzw. politische Akteure würden auf Forderungen der Bürger eingehen.
- *Internal Self-Efficacy* (auch Einflussüberzeugung) beschreibt die wahrgenommene persönliche Kompetenz, politische Prozesse verstehen und am politischen Geschehen teilhaben zu können.

Solche Überzeugungen sind aus normativer Perspektive relevant, denn für eine weithin akzeptierte und damit legitimierte Demokratie ist eine möglichst hohe Selbstwirksamkeitswahrnehmung möglichst vieler Bürger erforderlich. Wenn also, wie von Schweiger (2017, S. 155 ff.) ausführlich beschrieben, manche Bürger einerseits glauben, mit Hilfe von sozialen und alternativen Medien besser und wahrheitsgemäßer über Politik informiert zu sein als früher, und gleichzeitig beklagen, dass sich die Politiker nicht um ihre Probleme kümmern, dann haben wir es mit einer bemerkenswerten Mischung aus hoher interner und niedriger externer Self-Efficacy zu tun. Tatsächlich bestätigen van Eimeren, Simon und Riedl (2017, S. 548) bei einer aktuellen Analyse „politischer Zweifler" in Deutschland genau dieses Profil: die Wahrnehmung einer starken internen Selbstwirksamkeit bei gleichzeitig niedriger externer Selbstwirksamkeit. Mit Blick auf die Nachrichtennutzung ist es deshalb wichtig zu wissen, wie sich Menschen je nach ihrer Selbstwirksamkeitswahrnehmung in ihrer Nachrichtennutzung auf algorithmisch personalisierte Kanäle konzentrieren. Denn wenn die in Kapitel 2 beschriebenen Effekte algorithmisch personalisierter Nachrichtenkanäle zutreffen, könnten sie die negativen Konsequenzen gefühlter Ohnmacht weiter verstärken. Empirische Erkenntnisse zum Zusammenhang zwischen Self-Efficacy und APN-Nutzungsanteil gibt es bisher nicht. Auch die wenigen Studien zum Zusammenhang zwischen der Nutzung von Social Media als Nachrichtenkanal und politischer Selbstwirksamkeitswahrnehmung (Gil de Zúñiga, Jung & Valenzuela, 2012; Gil de Zúñiga, Molyneux & Zheng, 2014) zeigen keine konsistenten Ergebnisse, so dass sich auch auf dieser Basis keine eindeutige Vorhersage formulieren lässt.

Mit der politischen Selbstwirksamkeitswahrnehmung steht ein weiteres Konstrukt in Zusammenhang, das wir ebenfalls erheben: *Duty to vote* beschreibt die Überzeugung von Individuen, es sei ihre staatsbürgerliche Pflicht, wählen zu gehen (Blais & St-Vincent, 2011). Analog zur Duty to keep informed, die nicht unbedingt mit intrinsischem Interesse an Nachrichten einhergehen muss, ist eine starke Bindung an die Norm, dass ein ‚guter' Bürger wählen sollte, auch bei geringer Selbstwirksamkeitswahrnehmung denkbar: Nämlich dann, wenn Bürger zwar aus ‚Bürgersinn' bzw. ‚aus Prinzip' zur Wahl gehen, allerdings nicht glauben, damit wirklich etwas zu bewegen oder zu verändern. Ähnlich wie bei politischen

Selbstwirksamkeitserwartungen ist ein möglicher Zusammenhang zwischen Duty to vote und dem APN-Nutzungsanteil primär aus normativer Perspektive von Interesse. Da es zu diesem Zusammenhang bisher keine Erkenntnisse gibt, formulieren wir auch hier keine Vorhersage.

Die aktive Teilnahme an Wahlen ist eine Form der *politischen Partizipation*. Bei weiteren Formen unterscheiden Studien zwischen klassischen Formen politischer Partizipation, wie die Teilnahme an Demonstrationen oder die Mitgliedschaft in einer Partei, und politischer Partizipation im Internet, wie z. B. die Beteiligung an Online-Petitionen (z. B. Emmer, Vowe, Wolling & Seifert, 2011). Da in der verfügbaren Forschungsliteratur vielfach positive Zusammenhänge zwischen politischer (On- wie Offline-) Partizipation und der Nutzung von Social Media allgemein (Boulianne, 2015), der informationsorientierten Social Media-Nutzung (Gil de Zúñiga et al., 2014) und zufälligen (inzidentellen) Nachrichtenkontakten in personalisierten Kanälen (Kim, Chen & Gil de Zúñiga, 2013) dokumentiert sind, vermuten wir ebenfalls einen positiven Zusammenhang zwischen politischer Partizipation und dem APN-Nutzungsanteil.

Zuletzt wollen wir der häufig beschriebenen Beobachtung nachspüren, dass besonders Bürger mit einer rechten politischen Orientierung in den sozialen Netzwerken besonders aktiv und sichtbar sind (z. B. Hagen, in der Au & Wieland, 2017; Schweiger, 2017, S. 48–55). Deshalb soll die *politische Orientierung* auf dem klassischen Links-Rechts-Spektrum erfasst und in Beziehung zum APN-Nutzungsanteil gesetzt werden. Uns ist bewusst, dass sich das Links-Rechts-Schema in den letzten Jahren zunehmend verwischt und beispielsweise Kritiker an der Flüchtlingspolitik der Bundesregierung sich sowohl dem linken wie rechten Lager zugehörig fühlen. Dennoch legen Analysen von Bevölkerungsgruppen mit auffallend hoher Politikverdrossenheit, Elitenverachtung und Medienskepsis nahe, dass diese häufig eine Nähe zur AfD aufweisen und dem rechten Spektrum zuzurechnen sind (Schultz, Jackob, Ziegele, Quiring & Schemer, 2017; Zick & Küpper, 2015). Schweiger (2017, S. 155 ff.) verortet diese Menschen großteils in einer „politisierten Bildungsmitte" und argumentiert, dass gerade durchschnittlich Gebildete mit einer Mischung aus politischem Interesse und politischem Frust empfänglich für algorithmisch personalisierte Nachrichtenkanäle und die dort verbreiteten rechtsalternativen Quellen und Aussagen sind.

Aktuelle Befragungsergebnisse stützen diese Vermutung in Teilen: Hölig (2018, S. 154) fand in einer Befragung unter deutschen Onlinern heraus, dass Twitterer, die mehrmals pro Woche und öfter privat twittern (n=209), weitaus häufiger extrem linke oder rechte politische Orientierungen aufweisen als der Rest der Online-Nutzer. Das bestätigt einen Zusammenhang mit extremen Einstellungen; die Dominanz einer *rechten* Orientierung zeigt sich nicht. Van Eimeren, Simon

4.1 Forschungsstand, Forschungsfragen und Hypothesen

und Riedl (2017) identifizierten mindestens 14 Prozent der deutschen Bevölkerung als „politische Zweifler". Diese sind mittelalt, eher unterdurchschnittlich gebildet, sehen u. a. die „Werte Deutschlands in Gefahr" und glauben, dass „in den Medien häufig absichtlich die Unwahrheit gesagt wird". Sie informieren sich nicht nur bevorzugt im privaten Fernsehen und schätzen Boulevardmedien, sondern nutzen auch Kanäle mit algorithmischer Personalisierung („Blogs und soziale Netzwerke" und „Videoplattformen") auffallend häufig. Diese Befunde lassen uns vermuten, dass es einen Zusammenhang zwischen politischer Orientierung und der Nutzung algorithmisch personalisierter Nachrichtenkanäle gibt. Auch wenn die genannten Studien hierbei bislang keine Dominanz rechter Orientierungen nachweisen konnten, vermuten wir, dass der APN-Nutzungsanteil umso höher ist, je stärker die politische Orientierung eines Bürgers nach rechts tendiert.

Zusammenfassend ergeben sich zum Zusammenhang zwischen politikbezogenen Eigenschaften von Nachrichtennutzern und dem APN-Nutzungsanteil eine Reihe offener Fragen und wenige konkrete Vermutungen. Im Rahmen von Forschungsfrage 2.3 soll geklärt werden, ob es Zusammenhänge mit (a) *Duty to keep informed*, (b) der *Stärke und Breite des politischen Interesses*, (c) politischer *Self-Efficacy (intern und extern)* und (d) *Duty to vote* gibt. Hypothese 2.3 prüft zusammenfassend Annahmen zu Zusammenhängen zwischen dem APN-Nutzungsanteil und folgenden politikbezogenen Merkmalen der Nachrichtennutzer: (a) *politische Partizipation* (positive Korrelation) sowie (b) *politische Rechtsorientierung* (positive Korrelation).

Psychologische Persönlichkeitseigenschaften

Die Persönlichkeitspsychologie kennt vielfältige Ansätze zur Beschreibung der individuellen und langfristigen Besonderheiten des Fühlens, Denkens, Erlebens und Verhaltens von Menschen (Asendorpf & Neyer, 2012). Von diesen Ansätzen hat sich das Fünf-Faktoren-Modell der Persönlichkeit (*Big Five*) als diejenige Taxonomie herausgebildet, die weite Bereiche der Persönlichkeit abdeckt, dadurch grundlegende Dimensionen interindividueller Unterschiede umfassend beschreibt und viele andere Beschreibungsansätze integriert (John, Naumann & Soto, 2008). Die fünf Beschreibungsdimensionen werden im Deutschen als *Extraversion, Verträglichkeit, Gewissenhaftigkeit, negative Emotionalität* bzw. *Neurotizismus* und *Offenheit für Erfahrungen* bezeichnet (Danner et al., 2016). Eine Reihe von Studien konnte Zusammenhänge zwischen den Big Five und verschiedenen Aspekten der Medien- und Nachrichtennutzung nachweisen (vgl. Schweiger, 2007, S. 280 f.).

Studien zum Zusammenhang zwischen den Big Five und einer verstärkten Nachrichtennutzung auf algorithmisch personalisierten Kanälen liegen allerdings bislang nicht vor. Hinweise liefern aber Studien zum Einfluss von Persönlichkeitsmerkmalen auf die Kanalpräferenz in der Nachrichten- und Informationsnutzung und speziell Befunde zu der Frage, ob die Big Five mit der Internetnutzung zu Informationszwecken zusammenhängen. In einer bevölkerungsrepräsentativen (US-amerikanischen) Befragungsstudie fanden Gerber, Huber, Doherty und Dowling (2011), dass *Offenheit* positiv mit einer informationsorientieren Onlinenutzung assoziiert ist. Dieser Befund wurde in einer Befragungsstudie unter schwedischen Jugendlichen (Russo & Amna, 2016) repliziert, die überdies zeigte, dass *Gewissenhaftigkeit* negativ mit der Nutzung des Internet als Quelle für politische Informationen zusammenhängt. Vorbehaltlich der Generalisierbarkeit auf deutsche Internetnutzer lassen diese Befunde einen Zusammenhang zwischen *Offenheit* sowie *Gewissenhaftigkeit* und dem APN-Nutzungsanteil vermuten: Im Zuge ihrer verstärkten Internetnutzung könnten *offene* Personen auch stärker algorithmische Nachrichtenkanäle nutzen, wohingegen *gewissenhaftere* Personen allein aufgrund der geringeren Nutzung des Internet zum Zweck der aktuellen Information weniger Kontakt mit solchen Kanälen haben.

Weitere Hinweise liefern Studien, die Zusammenhänge zwischen den Big Five und der Präferenz für unterschiedliche Formen der Aufbereitung und Präsentation aktueller Information explorieren. Insbesondere die Studie von Gerber et al. (2011) dokumentiert eine Reihe solcher Befunde. Erklärt werden sie u. a. mit der Vermutung, dass *offene* Persönlichkeiten eine Präferenz für vielfältige und herausfordernde Informationen haben, während hohe *Verträglichkeit* eher zu einer Aversion gegenüber konflikthaften und widersprüchlichen Informationen führt. Auf dieser Basis lassen sich auch Vermutungen zur Präferenz algorithmisch selektierter Nachrichten anstellen: Wer *offen für Neues* ist, hat vermutlich eine höhere Affinität zu aktuellen technischen Entwicklungen, damit einhergehend eine geringere Personalisierungsskepsis und verlässt sich daher stärker auf APN. Zweitens könnten offene Personen besonders die Möglichkeit von APN schätzen, verschiedene Quellen zu kombinieren und sich ein vielfältiges Informationsrepertoire zusammenzustellen. Deshalb scheint eine positive Korrelation zwischen *Offenheit* und dem APN-Nutzungsanteil plausibel. Andererseits könnte die Nutzung algorithmisch personalisierter Kanäle aufgrund der Personalisierung zu weniger vielfältigen und die eigenen Sichtweisen herausfordernden Inhalten führen. Der APN-Nutzungsanteil könnte also auch negativ mit Offenheit zusammenhängen, wenn offene Personen genau solche Engführungen vermeiden wollen. *Verträglichkeit* könnte hingegen positiv mit dem APN-Nutzungsanteil assoziiert sein, wenn widersprüchliche und einstellungsinkonsistente Informationen durch die Nutzung algorithmisch vorselektierter Nachrichten vermieden werden sollen. *Gewissenhaftigkeit* wiederum könnte einen geringeren APN-Nutzungsanteil bedingen – wenn nämlich gewissenhafte Personen befürchten, dass mit der Nutzung algorithmischer Quellen eine einseitige Weltsicht und Einstellungsbildung einhergeht und sie die-

4.1 Forschungsstand, Forschungsfragen und Hypothesen

se durch eine breitere anderweitige Nachrichtennutzung auszugleichen suchen. Anderenfalls kann auch hier ein positiver Zusammenhang angenommen werden, wenn gewissenhafte Personen APN bewusst so nutzen, dass sie viele verschiedene Quellen kombinieren.

Aktuelle Befunde einer international vergleichenden Studie zum Zusammenhang zwischen den Big Five und der Nutzung von Social Media als Nachrichtenkanal stützen diese Vermutungen teilweise. Gil de Zúñiga et al. (2017) fanden positive Zusammenhänge mit *Extraversion, Verträglichkeit, Gewissenhaftigkeit* sowie *negativer Emotionalität* und einen negativen Zusammenhang mit *Offenheit*. Im internationalen Vergleich gibt es aber deutliche Unterschiede in diesen Beziehungen. Für Deutschland berichten die Autoren nur signifikante Zusammenhänge mit *Extraversion* und *negativer Emotionalität*.

Die Diskussion zeigt, dass sich auf Basis des Forschungsstandes teils widersprüchliche Vorhersagen über den Zusammenhang der Big Five mit dem APN-Nutzungsanteil ergeben. Aber auch wenn die Vorhersagen nicht konsistent sind und die Richtung von Zusammenhängen bisher nicht spezifiziert werden kann, lassen die Befunde doch erwarten, dass Zusammenhänge grundsätzlich existieren.

Mit den Big Five werden relevante Bereiche der Persönlichkeit umfassend, aber auf einem sehr hohen Abstraktionsniveau abgebildet (John et al., 2008). Aus diesem Grund wollen wir mit dem *Bedürfnis nach kognitiver Geschlossenheit* (Need for cognitive closure) auch ein spezifischeres Persönlichkeitsmerkmal berücksichtigen. Dem liegt die Annahme zugrunde, dass dieses Persönlichkeitskonstrukt spezifische Informationsbedürfnisse und Informations(verarbeitungs)präferenzen umfasst, zu denen algorithmisch personalisierte Nachrichten gut passen. Denn das Bedürfnis nach kognitiver Geschlossenheit bezeichnet das Streben nach eindeutigen Antworten auf Fragen und Probleme sowie die damit einhergehende Tendenz zur Vermeidung von Ungewissheit und Ambiguität (Webster & Kruglanski, 1994). Personen mit einem hohen Geschlossenheitsbedürfnis bevorzugen sicheres und stabiles Wissen und haben eine Abneigung gegen mehrdeutige und unklare Inhalte. Das schließt den Unwillen mit ein, sich mit inkonsistenten Aussagen und dissonanten Meinungen auseinanderzusetzen. Tatsächlich konnten Studien zur Medien- und Onlinenutzung zeigen, dass Personen mit hohem Geschlossenheitsbedürfnis intuitive und leicht verständliche Nachrichtenmedien wie das Fernsehen bevorzugen, während Personen mit niedrigem Bedürfnis nach kognitiver Geschlossenheit eher Tageszeitung lesen (Meirick & Bessarabova, 2016; Shenhav, Rand & Greene, 2017; Vermeir & Geuens, 2008). Hart, Adams, Burton, Shreves und Hamilton (2012) zeigten experimentell, dass Personen mit hohem Geschlossenheitsbedürfnis eine stärkere Tendenz zur Auswahl einstellungskongruenter Informationen haben. Auf Social Media bezogen legen die Befunde von Shenhav et al. (2017) nahe, dass

Personen mit hohem Geschlossenheitsbedürfnis Kanäle mit kurzen Texten wie Twitter bevorzugen und lange Textformate wie Blogs eher meiden. Studien zum Zusammenhang zwischen Geschlossenheitsbedürfnis und dem APN-Nutzungsanteil fehlen bislang. Dennoch erscheint es plausibel, dass APN dem Bedürfnis nach sicherem Wissen, Eindeutigkeit und Konsonanz entgegenkommen: Sie bieten die Möglichkeit vorselektierte Nachrichteninhalte zu nutzen, auf die eigenen Meinungen und Einstellungen anzupassen und so der Konfrontation mit neuen Wissensbereichen, dissonanten Sichtweisen und inkongruenten Meinungen aus dem Weg zu gehen. Auch hier scheint jedoch ein gegenteiliger Zusammenhang ebenso plausibel. Möglicherweise setzen Menschen mit geringem Geschlossenheitsbedürfnis APN ein, um sich ein vielfältiges Informationsrepertoire aus verschiedensten Quellen zusammenzustellen, während ein hohes Geschlossenheitsbedürfnis eher mit einem geschlossenen Medienrepertoire einhergeht (z. B. immer dieselbe Website besuchen oder dieselbe Zeitung lesen). Hier gilt wieder, dass APN unterschiedliche Nutzungsweisen ermöglichen, die den jeweiligen Bedürfnissen von Individuen entgegenkommen. Wir werden sehen, welcher Zusammenhang sich als empirisch dominant herausstellen wird.

Zusammenfassend sollen zu den psychologischen Persönlichkeitseigenschaften folgende Fragen geprüft werden: Forschungsfrage 2.4 bezieht sich auf Zusammenhänge zwischen einzelnen *Big Five*-Dimensionen und dem APN-Nutzungsanteil. Forschungsfrage 2.5 fragt nach dem Zusammenhang zwischen dem Bedürfnis nach kognitiver Geschlossenheit (*Need for Cognitive Closure*) und dem APN-Nutzungsanteil.

4.2 Methode

Im Folgenden wird kurz erläutert, wie Mediennutzungsmuster und medienbezogene Einstellungen, politikbezogene Nutzereigenschaften sowie psychologische Persönlichkeitsmerkmale in der Online-Befragung gemessen wurden. Wir weisen bei allen mehrteiligen Skalen einen Reliabilitätskoeffizienten (Cronbach's alpha) aus. Teilweise liegt dieser leicht unter dem allgemein geforderten Schwellenwert von 0,80. Die betroffenen Konstrukte wurden jedoch jeweils mit etablierten Skalen gemessen, die aus Gründen der Vergleichbarkeit mit anderen Studien nicht verändert werden sollten. Deshalb bleiben wir auch bei schlechteren Reliabilitäten bei den ursprünglichen Skalen. Die Messung der Nachrichtennutzungsdauer, des APN-Nutzungsanteils und der soziodemografischen Variablen wurde bereits in Kapitel 3.2 erläutert.

4.2 Methode

Mediennutzungsmuster & Medieneinstellungen

Die *Selective-Exposure-Neigung* wurde mit einer deutschen Übersetzung der „Tendency Toward Congruent Selective Exposure (TECSE) Scale" von Tsfati (2016) erfasst. Sie besteht aus fünf Statements mit einer Antwortskala von 1=„stimme überhaupt nicht zu" bis 5=„stimme voll und ganz zu", von denen eines negativ formuliert ist und deshalb vor der Berechnung eines Mittelwertsindex umgepolt wurde (M=2,41; SD=0,80; Cronbach's alpha=0,77). Ein Beispiel-Statement lautet: „Wenn ich zwischen zwei Meinungsartikeln wählen müsste, würde ich mich für den entscheiden, der eher meinen Ansichten entspricht."

Die Messung der Skepsis gegenüber personalisierten Nachrichten, kurz: *Personalisierungsskepsis*, lehnt sich inhaltlich an drei Statements des Reuters Institute Digital News Report 2016 an (Hölig & Hasebrink, 2016): „Wer sich hauptsächlich über personalisierte Nachrichten informiert, kann wichtige Informationen verpassen", „Wer sich hauptsächlich über personalisierte Nachrichten informiert, kann gegensätzliche Meinungen verpassen" sowie „Personalisierte Nachrichten stellen ein Risiko für meine Privatsphäre dar". Um auch die Gefahr einer verzerrten Meinungsklimawahrnehmung zu erfassen, wurde als zusätzliches Statement „Wer sich hauptsächlich über personalisierte Nachrichten informiert, kann einen falschen Eindruck von der Stimmung im Land bekommen" hinzugefügt. Alle vier Aussagen waren wieder auf einer fünfteiligen Zustimmungsskala zu beantworten und wurden zu einem Mittelwertsindex verrechnet (M=3,32; SD=0,96; Cronbach's alpha=0,81).

Politikbezogene Nutzereigenschaften

Duty to keep informed wurde mit einer Übersetzung der vierteiligen Guttman-Skala von Poindexter und McCombs (2001) gemessen. Diese umfasst vier Dummy-Items (0=ja/1=nein), die zu einem Summenindex verdichtet werden (Min=0; Max=4; M=2,99; SD=1,13). Beispielitem: „Es ist wichtig, über Nachrichten und aktuelle Ereignisse informiert zu sein.".

Die *Stärke des politischen Interesses* wurde nach van Deth (2013) mit einer Single-Item-Abfrage mit fünfstufiger Antwortvorgabe von 1=„überhaupt nicht interessiert" bis 5=„sehr interessiert" gemessen (M=3,40; SD=1,19). Die *Breite des politischen Interesses* erfassten wir mit der Frage „Worauf bezieht sich Ihr politisches Interesse? Ich interessiere mich…" und einer vierstufigen Antwortskala von 1=„… für fast alle aktuellen Politikthemen", 2=„…für bestimmte Themen mehr, für andere eher wenig", 3=„…nur für ganz bestimmte Themen. Der Rest ist mir egal." und 4=„…gar nicht für Politik". Die Skala wurde umgepolt, so dass niedrigere Werte für ein engeres bzw. selektiveres Interesse und höhere Werte für ein umfassenderes Politikinteresse stehen (M=3,02; SD=0,87).

Zur Messung der *externen* und *internen Self-Efficacy* wurden zwei dreiteilige Statement-Batterien von Gastil und Xenos (2010) übersetzt, mittels einer Fünfer-Likertskala abgefragt (1=„stimme überhaupt nicht zu" bis 5=„stimme voll und ganz zu") und zu zwei Mittelwertindizes verdichtet. Beispielitems: „Ich habe eine klare Vorstellung davon, welche die wichtigen Probleme in unserem Land sind" (interne Selbstwirksamkeit; M=2,98; SD=0,91; Cronbach's alpha=0,72) und „Für Bürger gibt es viele Möglichkeiten, die Politik erfolgreich zu beeinflussen" (externe Selbstwirksamkeit; M=2,48; SD=0,94; Cronbach's alpha=0,76).

Duty to vote wurde aus Platzgründen im Fragebogen lediglich mit einem Statement („Ich würde mich schuldig fühlen, wenn ich an einer politischen Wahl nicht teilnehmen würde.") aus einer vierteiligen Statement-Batterie von Blais und Galais (2016) mit einer fünfstufigen Zustimmungs-Likertskala abgefragt (M=3,38; SD=1,40).

Politische Partizipation jenseits von Wahlen wurde mit einem Statement („Haben Sie sich im letzten Jahr politisch engagiert, z. B. an einer Demonstration teilgenommen, eine (Online-) Petition unterzeichnet oder für eine politische Organisation gearbeitet?") und einer Ja-Nein-Frage (0=ja/1=nein) in loser Anlehnung an die Messung im European Social Survey (Thomassen, 2001) gemessen (M=0,22; SD=0,41).

Die *politische Orientierung* schließlich wurde ebenfalls in Anlehnung an die Messung im European Social Survey (Thomassen, 2001) mittels der „Left-Right Self-Placement scale" erhoben, bei der sich die Befragten hinsichtlich ihrer politischen Ansichten selbst auf einem Spektrum von 1=links bis 9=rechts verorten (M=4,71; SD=1,61).

Psychologische Persönlichkeitseigenschaften

Die *Big Five* wurden mit dem deutschsprachigen „10 Item Big Five Inventory (BFI-10)" von Rammstedt, Kemper, Klein, Beierlein und Kovaleva (2014) und einer fünfteiligen Zustimmungsskala erfasst. Da jede Dimension lediglich von zwei Items repräsentiert wird, weisen wir keine Reliabilitäten aus (siehe ausführlich Rammstedt et al., 2014 zur Güte der Messungen mit diesem Instrument).

Das *kognitive Geschlossenheitsbedürfnis* (Need for cognitive closure) schließlich wurde mittels sechs Items aus einer 16-teiligen Skala von Schlink und Walther (2007) gemessen, die aufgrund ihrer Trennschärfe größer 0,40 ausgewählt wurden. Beispielitem: „Ich bevorzuge Tätigkeiten, bei denen stets klar ist, was getan und wie es getan werden muss." (M=4,06; SD=1,05; Cronbach's alpha=0,67).

4.3 Ergebnisse

Mit dem APN-Nutzungsanteil liegt eine metrische und medienübergreifende Variable vor, für die sich Zusammenhänge mit den erläuterten Nutzereigenschaften multivariat berechnen und kontrollieren lassen. Wir verwenden in der Folge multiple Regressionsanalysen, in denen die verschiedenen Dimensionen von Personenmerkmalen blockweise aufeinander aufbauen. Der Ablauf orientiert sich an Überlegungen zum transmedialen Nutzungsstil, denen zufolge sich Personenmerkmale in ein Kontinuum zwischen dem langfristigen „Persönlichkeitskern" eines Individuums und konkreten medienbezogenen Verhaltensmustern und Einstellungen einordnen lassen (Schweiger, 2006, S. 292). Aus dieser Perspektive beschreiben zunächst (1) soziodemografische Merkmale die grundlegende gesellschaftliche Positionierung eines Individuums, die kaum von anderen Merkmalen beeinflusst wird. (2) Psychologische Eigenschaften erfassen die Art, wie ein Individuum grundsätzlich denkt und fühlt; auch sie sind in der Regel stabil und kaum beeinflussbar. (3) Personenmerkmale mit politischem Bezug liegen in der Mitte des Kontinuums; sie bauen einerseits auf soziodemografischen und psychologischen Charakteristika auf und können sich andererseits mit anderen Verhaltens- und Einstellungskategorien verändern. (4) Mediennutzungsmuster bzw. medienbezogene Einstellungen schließlich basieren – so zumindest die theoretische Annahme – auf den vorher genannten Charakteristika und sollten am unmittelbarsten mit dem APN-Nutzungsanteil zusammenhängen.

Tabelle 3 zeigt vier multiple Regressionsmodelle, in denen die genannten Merkmalsdimensionen blockweise zur Vorhersage des APN-Nutzungsanteils herangezogen werden.

Tab. 3 Personenmerkmale und APN-Nutzungsanteil

Blockweise multiple Regressionsanalysen	Modell 1 Beta	Modell 2 Beta	Modell 3 Beta	Modell 4 Beta
Block 1: Soziodemografie				
Alter	-,321***	-,306***	-,300***	-,286***
Geschlecht (1 = weiblich, 0 = männlich)	-,014	-,014	-,025	-,022
Formale Bildung (Referenz: max. Hauptschule)				
Mittlerer Abschluss	,127***	,122**	,128***	,132***
Abitur	,100**	,089*	,084*	,102*
Hochschulabschluss	,093**	,083*	,085*	,098**
Haushalts-Nettoeinkommen (Referenz: < 1.000 €)				
1.000-1.999 €	-,036	-,037	-,038	-,048
2.000-2.999 €	-,131***	-,134***	-,131***	-,141**
>= 3.000 €	-,111**	-,117**	-,122**	-,134**
Wohnortgröße (Referenz: < 5.000 Einw.)				
Kleinstadt (< 20.000 Einw.)	-,067+	-,060	-,061+	-,051
Mittelstadt (< 100.000 Einw.)	-,023	-,017	-,020	-,006
kleine Großstadt (< 500.000 Einw.)	-,007	-,005	-,002	,007
Großstadt (>= 500.000 Einw.)	,009	,010	,011	,012
Block 2: Psychologische Persönlichkeitseigenschaften				
Big Five: Extraversion		,062+	,058+	,040
Big Five: Verträglichkeit		-,014	-,014	-,014
Big Five: Gewissenhaftigkeit		-,073*	-,069*	-,074*
Big Five: Negative Emotionalität		-,015	-,017	-,014
Big Five: Offenheit		,074*	,079*	,082**
Need for cognitive closure		,035	,031	,027
Block 3: Politikbezogene Merkmale				
Politisches Interesse – Stärke			-,005	-,005
Politisches Interesse – Breite			-,045	-,033
Duty to keep informed			,042	,055
Duty to vote			,035	,039
Politische Partizipation (0 = nein, 1 = ja)			,045	,052
Self-Efficacy intern			-,024	-,039
Self-Efficacy extern			,013	-,006
Politische Orientierung (1 = links bis 9 = rechts)			,067*	,048
Block 4: Mediennutzungsmuster & Medieneinstellungen				
Allgemeine Nachrichtennutzungsdauer in Min./Tag				,135***
Selective-Exposure-Neigung				,054+
Personalisierungsskepsis				-,081*
R^2 korr.	,140	,147	,149	,172
F	14,376***	10,463***	7,642***	8,102***

n=990; ***p<0,001; **p<0,01; *p<0,05; +p<0,10

Soziodemografie und APN-Nutzungsanteil

Modell 1 betrachtet den Zusammenhang zwischen den erhobenen soziodemografischen Variablen und dem APN-Nutzungsanteil. Zunächst bestätigt sich ein deutlicher *Alterseffekt*: Je jünger Mediennutzer sind, desto höher ist ihr APN-Nutzungsanteil. Das wird auch deutlich, wenn man verschiedene Altersgruppen gegenüberstellt: Während sich die 14–29-Jährigen im Durchschnitt täglich zu 54 Prozent über algorithmisch personalisierte Kanäle informieren, liegt deren Anteil bei den Mittelalten (30-49 Jahre) bei 40 Prozent und bei den Älteren (50+) nur noch bei 24 Prozent. Entsprechend der Befürchtung, dass ein höherer APN-Nutzungsanteil die Anfälligkeit von Individuen für Effekte der algorithmischen Personalisierung verstärkt, kann man die Generation der Unterdreißigjährigen also als ,Hochrisikogruppe' einordnen. Nun haben auch frühere Studien die zentrale Rolle von SNS oder Blogs als Informationskanäle Jüngerer bestätigt (z. B. Hölig & Hasebrink, 2016; Newman, Fletcher, Kalogeropoulos, Levy & Nielsen, 2017). Neu an unserem Befund ist allerdings, dass wir *alle* potenziell wirksamen Varianten algorithmischer Personalisierung bei der Informationsnutzung in eine Nutzungsvariable zusammenführen und die Netto-Effekte vieler Personenmerkmale auf eben diese Nutzungsvariable berechnen. Damit können wir zeigen, dass der Alterseffekt auch nach Kontrolle anderer soziodemografischer Merkmale und, wie sich in den weiteren Regressionsmodellen zeigt, auch aller anderen Nutzereigenschaften besteht. Das ist etwa im Zusammenhang mit formaler Bildung nicht trivial. Denn jüngere Deutsche weisen durchschnittlich höhere Bildungsabschlüsse als Ältere auf. Der durchgängige Effekt des Alters in den multiplen Regressionsmodellen zeigt aber, dass sich der Alterseffekt nicht etwa ausschließlich mit dem höheren Bildungsgrad der jüngeren Altersgruppe erklären lässt (und auch nicht durch das ggf. geringere Einkommen dieser Gruppe, noch durch sonstige in den Modellen berücksichtigte Personenmerkmale, die eventuell mit dem Alter zusammenhängen).

Beim *Geschlecht* dagegen zeigen sich keinerlei Unterschiede. Das überrascht durchaus, gelten doch Frauen in anderen Studien als etwas stärkere SNS-Nutzerinnen (Gil de Zúñiga et al., 2017). Hier bestätigt sich der heuristische Ertrag des APN-Nutzungsanteils als kanalübergreifendes Konstrukt, denn erst so wird deutlich, dass Frauen beispielsweise an SNS zwar die Möglichkeiten interpersonaler Kommunikation schätzen (Gil de Zúñiga et al., 2017), die Präferenz für eine algorithmische Personalisierung aber geschlechterunabhängig ist. Auch für die *Wohnortgröße* zeigt sich kein Effekt.

Anders verhält es sich mit der *formalen Bildung*. Hier finden wir einen nicht-linearen Zusammenhang mit dem APN-Nutzungsanteil: Den niedrigsten APN-Nutzungsanteil weisen Personen auf, die höchstens einen Hauptschulabschluss haben, den höchsten Wert finden wir bei den Befragten mit mittlerem Bildungsabschluss (mittlere Reife bzw. Realschule). Das wird erkennbar am standardisierten Steigungsgrad (beta) dieser Gruppe gegenüber der Referenzgruppe der Niedriggebildeten, der mit beta=,127 höher ausfällt als bei den anderen Vergleichsgruppen (beta=,100 und ,093). Mit anderen Worten: Die Präferenz für algorithmisch personalisierte Nachrichtenkanäle ist bei Menschen mit mittlerem Bildungsabschluss am stärksten, gefolgt von Personen mit Abitur und Hochschulabschluss, die etwa gleichauf liegen. Das bestätigt die Annahmen von Schweiger (2017, S. 155 ff.), der aus theoretischen Überlegungen heraus die „politisierte Bildungsmitte" der Gesellschaft als besonders anfällig für Filterblasen- und Echokammer-Effekte hält: Die Niedriggebildeten, so die Annahme, interessieren sich häufig gar nicht (mehr) für Nachrichten und Politik. Sie nutzen entsprechend wenig APN; die Höhergebildeten schätzen den integrierten Nachrichtenüberblick von Qualitätsmedien. Bleibt die Bildungsmitte: Sie ist einerseits politisch interessiert, teilweise auch von politischen Eliten und Medien enttäuscht, und nutzt deshalb APN und die dort stark vertretenen alternativen Angebote.

Von den Indikatoren des sozioökonomischen Status spielt neben der formalen Bildung auch das *Haushalts-Nettoeinkommen* eine Rolle in der Hinsicht, dass mit sinkendem Einkommen die Präferenz algorithmischer Nachrichtenkanäle steigt. Den allerhöchsten APN-Nutzungsanteil finden wir bei den Einkommensschwächsten (unter 1.000 Euro), gefolgt von Personen mit einem Haushalts-Nettoeinkommen zwischen 1.000 und 2.000 Euro. Da das Einkommen üblicherweise mit dem Bildungsgrad korreliert, kann man von einer APN-Präferenz unter Menschen in prekären Bildungs- und Einkommensverhältnissen sprechen. Allerdings ist dieser Befund einzugrenzen. Denn in der Altersgruppe unter 30 Jahren finden wir nicht nur den höchsten APN-Nutzungsanteil, hier befinden sich viele in Ausbildung, Studium oder Praktikum und verdienen trotz höherer Bildung äußerst wenig. Entsprechend korrelieren Bildung und Einkommen bei den jüngeren Befragten kaum (n=251; Spearman's Rho r_s=0,097; n.s.), bei den Älteren über 30 Jahren hingegen deutlich (n=754; r=0,310; p<0,001).

Deshalb berechnen wir die multiple Regression aus Tabelle 3 noch einmal getrennt für beide Altersgruppen. Tatsächlich zeigt sich der genannte Zusammenhang zwischen APN-Nutzungsanteil, Einkommen und formaler Bildung bei den Jungen nicht. Hier gibt es keinerlei Einkommens-Effekt und einen Bildungseffekt auch nur in dem Sinn, dass Niedriggebildete weniger APN nutzen, sich ihre höhergebildeten Altersgenossen (ab Mittlerer Reife) aber untereinander nicht unterscheiden. Um das zu verdeutlichen, stellt Tabelle 4 die ‚gekreuzten' Mittelwerte des APN-Nutzungsanteils nach Alters- und Bildungsgruppen dar. Jetzt wird noch besser sichtbar, dass höhere APN-Nutzungsanteile in der Bildungsmitte gleichermaßen ein Phänomen der Mittelalten (30-49 Jahre) und Älteren (50+) sind. Bei den Jüngeren (14-29 Jahre) hingegen bestätigt sich eine deutliche Kluft zwischen den Niedriggebildeten, die für ihre Altersgruppe verhältnismäßig wenig APN nutzen (26 Prozent), und allen anderen Bildungsgruppen, die sich mit 41 Prozent gleichermaßen stark über algorithmische Nachrichtenkanäle informieren. Anscheinend trifft also Schweigers Vermutung, die Niedriggebildeten würden sich oft gar nicht (mehr) für Nachrichten und Politik interessieren und seien auch bei APN-Nutzung ‚abgehängt', nur auf junge Onliner zu.

Tab. 4 Altersgruppen, formale Bildung und APN-Nutzungsanteil

	Alter in Jahren		
	14-29	30-49	50+
Formale Bildung	(n=250)	(n=367)	(n=379)
Kein Abschluss / Hauptschule (n=294)	26 %	23 %	12 %
Realschule (n=326)	41 %	26 %	18 %
Abitur (n=206)	41 %	24 %	14 %
Hochschulabschluss (n=168)	41 %	23 %	16 %

ANOVA: $F_{alter}=45{,}163$; $p<0{,}001$; $F_{Bildung}=3{,}474$; $p<0{,}05$; $F_{AlterxBildung}=0{,}887$; n.s.; $F_{gesamt}=14{,}547$; $p<0{,}001$; $R^2_{korr}=0{,}130$

Betrachtet man hingegen die Über-30-Jährigen, zeigt sich in der multiplen Regression nicht nur bei Personen mit mittlerem Bildungsabschluss eine Präferenz für algorithmisch personalisierte Nachrichtenkanäle, sondern auch bei Personen mit niedrigem Haushalts-Nettoeinkommen (unter 2.000 Euro). Algorithmisch personalisierte Plattformen scheinen somit besonders für etwas ältere, einkommensschwache Bürger mit mittlerer Bildung relevante Nachrichtenkanäle zu sein.

Psychologische Persönlichkeitsmerkmale und APN-Nutzungsanteil

Das zweite Regressionsmodell (wieder Tabelle 3) berücksichtigt neben den soziodemografischen Merkmalen zusätzlich die erhobenen psychologischen Persönlichkeitseigenschaften, also die *Big Five* und das Bedürfnis nach *kognitiver Geschlossenheit* (Need for cognitive closure). Insgesamt erweisen sich diese Persönlichkeitsmerkmale als relevanter Faktor für die Fokussierung der Nachrichtennutzung auf algorithmisch personalisierte Kanäle ($\Delta F(6, 971)=2{,}39$, $p<0{,}05$), auch wenn die Präferenz für APN mehr mit der gesellschaftlichen Positionierung von Personen – formale Bildung und Einkommen – und dem Alter zu tun zu haben scheint als mit ihrem psychologischen Profil. Von den übergeordneten Persönlichkeitsdimensionen, die durch die *Big Five* beschrieben werden, stehen laut unseren Ergebnissen zwei in einem stabilen Zusammenhang mit dem APN-Nutzungsanteil: Menschen mit größerer *Offenheit* für Neues weisen einen höheren APN-Nutzungsanteil auf. Das kann man so interpretieren, dass besonders offene Menschen algorithmisch personalisierte Nachrichtenkanäle als Möglichkeit wahrnehmen, sich komfortabel und ohne größeren Aufwand aus verschiedenen Quellen zu informieren. Ferner gilt: Je *gewissenhafter* Menschen veranlagt sind, desto geringer ist ihr APN-Nutzungsanteil. Womöglich sind solche Persönlichkeiten nicht bereit, den Preis des Kontrollverlusts, den APN als komfortable ‚Nachrichtensammler' mit sich bringen, zu zahlen. Auch wenn er gut erklärbar gewesen wäre – einen eigenständigen Zusammenhang zwischen dem individuellen *Bedürfnis nach kognitiver Geschlossenheit* und dem APN-Nutzungsanteil zeigt unsere multivariate Analyse bei Kontrolle übergeordneter Personenmerkmale wie den Big Five nicht.

Politikbezogene Eigenschaften und APN-Nutzungsanteil

Das dritte Regressionsmodell berücksichtigt zusätzlich die politikbezogenen Nutzermerkmale (weiterhin Tabelle 3). Die gemessenen politischen Einstellungen, Überzeugungen und Verhaltensweisen erweisen sich als nur wenig relevante Faktoren für eine verstärkte Nachrichtennutzung über algorithmisch personalisierte Kanäle (ΔF(8, 963)=1,25; n.s.). Einzig die *politische Orientierung* hängt wie angenommen signifikant mit dem APN-Nutzungsanteil zusammen: Je stärker sich Bürger im rechten politischen Spektrum verorten, desto eher informieren sie sich mittels APN. Wie Abbildung 6 zeigt, unterscheiden sich insbesondere Menschen mit extremer

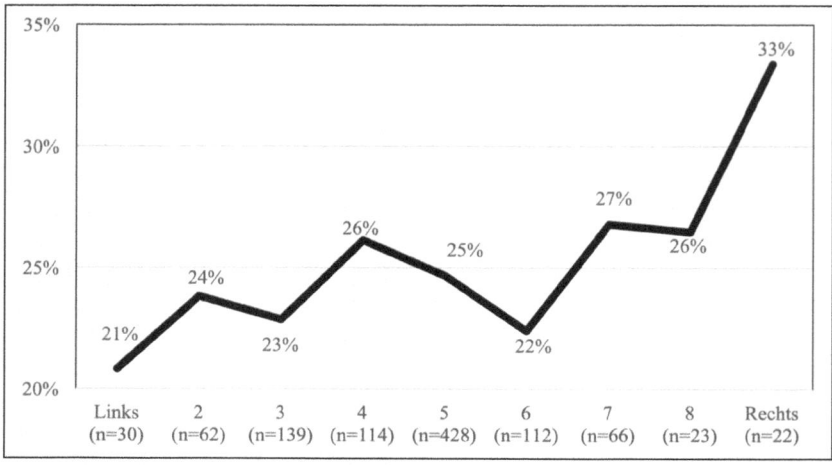

Abb. 6 Politische Orientierung und APN-Nutzungsanteil

politischer Orientierung. Während Bürger, die sich als extrem links einstufen (Skalenpunkt 1) einen bemerkenswert niedrigen Anteil algorithmischer Kanäle in ihrem Menü haben, ist die extreme Rechte (Skalenpunkt 9) auffallend APN-affin. Doch auch bei den Gemäßigteren (Skalenpunkte 2 bis 8) zeigt sich mit zunehmender Rechtsorientierung eine leichte Tendenz zu einem höheren APN-Nutzungsanteil.

Dieser Zusammenhang verschwindet allerdings statistisch, wenn man zusätzlich allgemeine Mediennutzungsmuster und Medieneinstellungen kontrolliert (siehe Modell 4 in der Tabelle). Das legt die Vermutung nahe, dass weniger die politische Einstellung selbst in direktem Zusammenhang mit der APN-Nutzung steht als vielmehr medienbezogene Einstellungen und Verhaltensmuster, die von der politischen Einstellung geprägt werden. Tatsächlich belegen zusätzlich berechnete Korrelationsanalysen bivariate Zusammenhänge zwischen der politischen Orientierung und medienbezogenen Personenmerkmalen: Je weiter rechts sich die Befragten auf der neunstufigen Links-Rechts-Skala einstufen, desto stärker ist ihre Selective-Exposure-Neigung ($r=0{,}134$, $p<0{,}001$) und desto geringer ist ihre Personalisierungsskepsis ($r=-0{,}117$, $p<0{,}001$). Bürger auf der rechten Seite des politischen Spektrums sehen somit die Möglichkeiten der Personalisierung positiver und weisen eine ausgeprägtere Präferenz für meinungskonsonant personalisierte Inhalte auf. Dieser Befund ist aus zwei Gründen plausibel. Erstens: Auch wenn es keine validen Daten zu den Mehrheitsverhältnissen in Online-Diskussionen gibt, scheint das rechte Lager meist stärker vertreten und redebereiter zu sein als die linke Seite und die Mitte der Gesellschaft. Rechte wären demnach aktiver in den sozialen Medien und in der öffentlichen Bürgerkommunikation (z. B. Nutzerkommentare) und verstehen diesen Raum als ihnen ‚angestammtes' Territorium. Abbildung 6 zufolge könnte das noch stärker für die *extreme* Rechte gelten. Das hängt auch mit dem zweiten Grund zusammen: (extreme?) Rechte beklagen häufig eine mangelnde Repräsentation ihrer Themen und Meinungen im sogenannten Mainstream-Journalismus. Das scheint sich auch negativ auf ihr Vertrauen in Journalismus auszuwirken (Stichwort: Lügenpresse, Systemmedien). Wie Prochazka (2019; vgl. auch Fußnote 16) in einer repräsentativen Online-Befragung zeigen kann, liegt eine zentrale Ursache für individuelles Medienvertrauen in der Wahrnehmung, dass die dortige Berichterstattung die eigene Meinung wiederspiegelt. Nun kommen eindeutig rechte Positionen, beispielsweise zur Flüchtlingsdebatte, im deutschen Journalismus wohl tatsächlich selten vor. Menschen mit entsprechenden Meinungen suchen deshalb verstärkt nach anderen Quellen, in denen sie ihre Themen, Weltbilder und Meinungen wiederfinden. Diese Quellen – häufig sind es alternative Angebote und populistische Originalquellen wie AfD-Politiker – rezipieren sie in der Regel über algorithmische personalisierte Nachrichtenkanäle (vgl. Schweiger, 2017).

In Kapitel 4.1 hat sich gezeigt, dass die Verbindung zwischen politischen Überzeugungen und dem Nachrichtennutzungsverhalten vermutlich in bestimmten Bevölkerungsgruppen stärker ausgeprägt ist als in der Gesamtbevölkerung. Im Mittelpunkt stehen hier etwa die mittelalten, formal weniger gebildeten „politischen Zweifler" (vgl. van Eimeren et al., 2017). Nun können die durchgeführten Regressionsanalysen zwar den Einfluss von Eigenschaften wie dem Alter und der Bildung statistisch kontrollieren, sie weisen aber keine gruppenspezifischen Zusammenhänge (Interaktionen) aus. Deshalb haben wir das Regressionsmodell aus Tabelle 3 noch einmal getrennt für je drei Alters-, Bildungs- und zwei Einkommensgruppen[20] berechnet. Dabei zeigen sich tatsächlich in bestimmten Gruppen signifikante Zusammenhänge zwischen politikbezogenen Personenmerkmalen und dem APN-Nutzungsanteil:[21]

- Bei den *Mittelalten* (30 bis 49 Jahre) besteht eine signifikante Korrespondenz zwischen dem APN-Nutzungsanteil und einer *rechten politischen Orientierung* (beta=0,112; p=0,04) sowie einer überdurchschnittlichen *Duty to vote* (beta=0,164, p=0,01). In dieser Altersgruppe konzentrieren also insbesondere diejenigen ihre Nachrichtennutzung auf algorithmisch personalisierte Kanäle, die politisch eher rechts stehen und die sich stark an die staatsbürgerliche Norm einer aktiven Wahlbeteiligung gebunden fühlen.
- In der *Bildungsmitte* (mittlere Reife) stehen drei Eigenschaften in Zusammenhang mit dem APN-Nutzungsanteil: *Duty to keep informed* (beta=0,141; p=0,03), *Duty to vote* (beta=0,134; p=0,03) und *politische Partizipation* (beta=0,113; p=0,06). Hier bevorzugen also insbesondere diejenigen algorithmisch personalisierte Nachrichtenkanäle, die sich staatsbürgerlichen Normen verpflichtet fühlen und sich auch über die Beteiligung an Wahlen hinaus politisch engagieren.
- Im *einkommensstärkeren Bevölkerungssegment* (Haushalts-Nettoeinkommen ab 2.000 Euro) steht der APN-Nutzungsanteil mit der *politischen Orientierung* in Zusammenhang (beta=0,122; p=0,01): Anders als in einkommensschwächeren Bevölkerungsteilen korrespondiert hier eine stärker rechte politische Orientierung mit einer stärkeren Präferenz für algorithmisch personalisierte Nachrichten.

---

20 Drei Altersgruppen: 14–29-Jährige, 30–49-Jährige, 50+; drei Bildungsgruppen: maximal Hauptschule, Realschule, Abitur oder Hochschulabschluss; zwei Einkommensgruppen: max. 1.999 Euro Haushalts-Nettoeinkommen vs. 2.000 Euro und mehr.

21 Die folgenden Ergebnisse resultieren aus der gruppenweisen Schätzung des finalen Regressionsmodells 4.

Auch wenn politische Überzeugungen also in der allgemeinen Bevölkerung nicht in Zusammenhang mit dem APN-Nutzungsanteil stehen, gibt es in spezifischen Gesellschaftsgruppen doch deutliche Korrelationen. In der Gesamtschau zeigen unsere Befunde, dass in der Bildungsmitte und unter den Mittelalten vor allem Menschen mit ausgeprägtem Bürgersinn, politisch Aktive sowie jene, die zu rechten Gesinnungen tendieren, eine Präferenz für algorithmisch personalisierte Nachrichtkanäle haben. Der Zusammenhang zwischen rechter Gesinnung und erhöhtem APN-Nutzungsanteil trifft interessanterweise nur auf Personen in einer finanziell befriedigenden Situation zu (Haushalts-Nettoeinkommen 2.000 Euro und mehr). Die Ärmeren konzentrieren sich zwar noch stärker auf APN, sie tun das aber unabhängig von ihrer politischen Orientierung.

Mediennutzungsmuster, Medieneinstellungen und APN-Nutzungsanteil

Das vierte Regressionsmodell berücksichtigt zusätzlich zu allen bisherigen Personenmerkmalen allgemeine Mediennutzungsmuster und Medieneinstellungen der Befragten. Wie vermutet, stehen diese insgesamt in einem signifikanten Zusammenhang mit dem APN-Nutzungsanteil ($\Delta F(3, 960)=10,19$, $p<0,01$). Für die Bevorzugung algorithmisch personalisierter Nachrichtenkanäle scheinen sie von mittlerer Relevanz zu sein: Sie rangieren zwischen den soziodemografischen Hintergrundfaktoren, die sich bisher als am relevantesten erwiesen haben, und den psychologischen Eigenschaften. Allerdings könnten verschiedene Eigenheiten der durchgeführten Messungen von Mediennutzung und -einstellungen dazu führen, dass deren Bedeutung überschätzt wird. Darauf gehen wir im Folgenden gesondert ein.

Zunächst zeigt die Analyse einen positiven Zusammenhang zwischen der *allgemeinen Nachrichtennutzungsdauer* – über alle Offline- und Online-Kanäle hinweg – und dem APN-Nutzungsanteil (weiterhin Tabelle 3): Je mehr Nachrichten Menschen nutzen, desto stärker verlassen sie sich auf algorithmisch personalisierte Kanäle (The-more-the-more-Effekt). Das stützt die Vermutung, dass diese Kanäle insbesondere jenen Nutzern einen effizienten Umgang mit Nachrichten ermöglichen, die aufgrund ihrer intensiven Nachrichtennutzung ein vergleichsweise hohes Informationsaufkommen bewältigen wollen. Allerdings ist nicht auszuschließen, dass wir es hier mit einem Methodenartefakt durch die Operationalisierung der beiden Konstrukte ‚allgemeine Nachrichtennutzungsdauer' und ‚APN-Nutzungsanteil' zu tun haben. Denn die Nachrichtennutzungsdauer über Online-Kanäle wurde (wie in Kapitel 3.2 beschrieben) mit sieben Kanaltypen detaillierter erfasst als die Nutzungsdauer der Offline-Kanäle Fernsehen, Radio und Printmedien. Die Befragten mussten somit ihre gestrige Nutzungsdauer für sieben Online-Kanäle und nur für drei Offline-Medien eintragen. Dies könnte zu einer relativen Überschätzung der Online-Kanäle und einer Unterschätzung von Fernsehen, Radio und Printmedien geführt haben. Trifft diese Vermutung zu, ergibt sich für Befragte mit einer Präferenz für Online-Kanäle zwangsläufig eine höhere Gesamtnutzungsdauer als für Personen mit höherem Offline-Nutzungsanteil. Das impliziert schließlich eine positive Korrelation zwischen der Gesamtnutzungsdauer und dem Nutzungsanteil der Online-Kanäle. Dennoch gehen wir nicht von einem ausschließlichen Methodenartefakt aus: Denn einerseits geht in die Berechnung des APN-Nutzungsanteils nur ein Teil der abgefragten Online-Kanäle ein; andererseits sprechen die bisher berichteten Zusammenhänge für die Kriteriumsvalidität unserer Operationalisierung des Konstrukts ‚APN-Nutzungsanteil'. Überdies ist unklar, ob die Messfehler tatsächlich so ausfallen wie soeben angenommen. Trotz allem ist es denkbar, dass ein systematischer Messfehler den gefundenen Zusammenhang begünstigt, wenn auch nicht vollständig hervorgebracht hat. Seine Stärke sollte deshalb nicht interpretiert werden.

Für die *Selective-Exposure-Neigung* zeigt das Modell eine positive Korrelation: Je deutlicher Individuen im Fragebogen bestätigen, generell meinungskonsonante Quellen zu bevorzugen und dissonante zu meiden, desto stärker bevorzugen sie algorithmisch personalisierte Kanäle. Allerdings ist dieser Effekt in der multivariaten Regression und damit unter Kontrolle aller anderen Personenmerkmale mit beta=0,054 sehr schwach und nur auf dem 10%-Niveau signifikant (p<0,10). Zum Vergleich wurde zusätzlich eine bivariate Korrelation zwischen der Selective-Exposure-Neigung und dem APN-Nutzungsanteil berechnet. Hier ergab sich ein höherer, signifikanter, aber dennoch moderater Korrelationskoeffizient r=0,113 (p<0,001). Damit ist die Annahme, dass Menschen, die bevorzugt meinungskonsonante Nachrichten rezipieren, APN schätzen, weil diese ein solches Bedürfnis automatisieren und unterstützen, mit Vorsicht zu bestätigen. Offensichtlich hängt die individuelle Selective-Exposure-Neigung so mit anderen Personenmerkmalen zusammen (Konfundierung), dass ihre Wirkung auf den APN-Nutzungsanteil im multivariaten Gesamtmodell von diesen überlagert wird. Ohnehin ist der Zusammenhang schwach. Das zeigt, dass das menschliche Bedürfnis nach meinungskonsonanten Informationen sicherlich nicht das dominante Motiv für die Nutzung algorithmisch personalisierter Nachrichtenkanäle ist.

Bei der *Personalisierungsskepsis* finden wir wie angenommen einen signifikant negativen Zusammenhang mit dem APN-Nutzungsanteil: Je argwöhnischer eine Person ist, die Personalisierung von Nachrichten könnte negative Konsequenzen haben, desto weniger nutzt sie algorithmisch personalisierte Nachrichtenkanäle. Auch dieser Zusammenhang könnte auf Grundlage unserer Daten überschätzt werden. Denn sowohl die Nutzung personalisierter Kanäle als auch die Personalisierungsskepsis wurden durch Selbstauskunft erhoben. Da Befragte in der Regel versuchen, konsistent zu antworten, ist bei den Personalisierungsskeptikern eine Neigung zu erwarten, auch ihren tatsächlichen APN-Nutzungsanteil zu unterschätzen. Dies würde den gefundenen Zusammenhang begünstigen, so dass er in der Realität schwächer ausfällt, als er auf Basis unserer Daten erscheint.

Insgesamt bestätigt unsere Analyse also zwar die vermutete Bedeutung von transmedialen Nutzungsmustern und Einstellungen, ihre praktische Relevanz sollte aber nicht überschätzt werden.

4.4 Zwischenfazit

Zusammenfassend können wir die vielfältigen Fragen, die in diesem Kapitel aufgeworfen wurden, beantworten und eine Reihe von Annahmen bestätigen. Bei den *soziodemografischen Merkmalen* finden wir einen robusten Alterseffekt, dem zufolge der APN-Nutzungsanteil wie in Hypothese 2.1 vermutet mit steigendem Alter sinkt. Hierbei handelt es sich mit hoher Wahrscheinlichkeit um einen Generationen- bzw. Kohorteneffekt. Das bedeutet, dass eine zukünftige weitere Zunahme des APN-Nutzungsanteils auch in älteren Gruppen zu erwarten ist.

Jenseits des Alters war bisher unklar, ob weitere Soziodemografika in Verbindung mit der Konzentration der Nachrichtennutzung auf algorithmisch personalisierte Kanäle stehen (Forschungsfrage 2.1). Diese Frage können wir eindeutig bejahen; laut unseren Ergebnissen erweist sich vor allem die formale Bildung als hochrelevant. Hier finden wir einen umgekehrt U-förmigen Zusammenhang: Die stärkste Konzentration auf algorithmische Kanäle weisen Mitglieder der Bildungsmitte auf, also Personen mit mittlerer Reife und – etwas weniger – mit Abitur. Bei Niedriggebildeten und Akademikern ist der Anteil geringer. Diese Beobachtung trifft allerdings nur auf Bürger ab 30 Jahren zu. In dieser Altersgruppe findet sich ein erhöhter APN-Nutzungsanteil nicht nur in der Bildungsmitte, sondern auch unter einkommensschwachen Bürgern. Algorithmisch personalisierte Plattformen scheinen also insgesamt ein bevorzugter Nachrichtenkanal für Menschen zu sein, die in prekären Verhältnissen befinden – unabhängig davon, ob sie in ländlichen Gemeinden oder in Großstädten leben. Bei den Jüngeren (unter 30 Jahre) ist ein anderes Muster zu entdecken: Hier unterscheiden sich die Bildungs- und Einkommensgruppen in ihrer ‚Begeisterung' für algorithmische Nachrichtenkanäle kaum – mit einer Ausnahme: Junge Menschen ohne formalen Bildungsabschluss oder mit Hauptschulabschluss nutzen nicht nur insgesamt weniger Nachrichten, sie informieren sich auch deutlich weniger über APN als mittlere und höhere Bildungsgruppen. Stattdessen dominiert in dieser Gruppe weiterhin das Fernsehen.

Bei den transmedialen *Mediennutzungsmustern und Medieneinstellungen* wollten wir zunächst klären, ob es einen Zusammenhang zwischen allgemeiner Nachrichtennutzungsdauer und dem APN-Nutzungsanteil gibt (Forschungsfrage 2.2). Unserer Ergebnisse zeigen, dass ein solcher Zusammenhang existiert und Personen ihre Nachrichtennutzung umso stärker auf algorithmisch personalisierte Kanäle konzentrieren, je mehr Zeit sie insgesamt für die Nutzung von Nachrichten aufwenden. In Hypothese 2.2. hatten wir zunächst vermutet, dass algorithmisch personalisierte Kanäle eine einstellungskongruente Auswahl medialer Inhalte begünstigen und deshalb von Personen mit einer generellen Selective-Exposure-Neigung besonders stark genutzt werden. Diese Vermutung hat sich nur ansatzweise bestätigt. Vollends bestätigt hat sich aber Teil zwei der Hypothese, dass der APN-Nutzungsanteil geringer ist, wenn Bürger der Personalisierung von Nachrichten grundsätzlich skeptisch gegenüberstehen. Umgekehrt gilt natürlich auch, dass Menschen, die der Personalisierung von Nachrichten positiv gegenüberstehen, sich stärker über APN informieren.

Die dritte Gruppe unserer Forschungsfragen und Hypothesen bezieht sich auf die Bedeutung *politikbezogener Einstellungen, Überzeugungen und Verhaltensweisen.* Entgegen unseren Erwartungen erweisen sie sich nicht als allgemein relevante Faktoren für die Konzentration der Nachrichtennutzung auf algorithmisch personalisierte Kanäle. Nur in spezifischen Bevölkerungsgruppen stehen politische Überzeugungen in Zusammenhang mit dem APN-Nutzungsanteil. Die im Rahmen von Hypothese 2.3 erwartete Korrelation mit einer rechten Orientierung findet sich nur bei den Mittelalten (30-49 Jahre) sowie bei finanziell gesicherten Bürgern (mind. 2.000 Euro Haushalts-Nettoeinkommen), der erwartete Zusammenhang mit politischer Partizipation nur in der Bildungsmitte (mittlerer Abschluss).

Von den weiteren Überzeugungen, deren Relevanz im Rahmen von Forschungsfrage 2.3 geklärt wurde, erwiesen sich lediglich die gefühlten staatsbürgerlichen Pflichten als bedeutsam für den APN-Nutzungsanteil: Duty to vote bei den Mittelalten und der Bildungsmitte (mittlerer Abschluss) sowie bei letzteren auch Duty to keep informed. All das zusammen vermittelt den Eindruck, dass APN weniger zur grundsätzlichen Vermeidung von Nachrichten, sondern von politisch interessierten und engagierten Bürgern mittleren Alters und mittlerer formaler Bildung als Instrument zur Informationsrezeption und Meinungsbildung genutzt werden.

Psychologische Persönlichkeitseigenschaften erklären schließlich den APN-Nutzungsanteil weniger als Soziodemografika, aber stärker als politikbezogene Merkmale. Von den Big Five (Forschungsfrage 2.4) stehen zwei Dimensionen in einer stabilen Verbindung mit dem Ausmaß, in dem Personen ihre Nachrichtennutzung auf algorithmisch personalisierte Kanäle konzentrieren: Je offener Individuen für Neues sind, desto stärker präferieren sie APN, und je gewissenhafter sie sind,

4.4 Zwischenfazit

desto geringer ist ihr APN-Nutzungsanteil. Mit dem individuellen Bedürfnis nach kognitiver Geschlossenheit (Forschungsfrage 2.5) ließ sich hingegen kein Zusammenhang feststellen.

Insgesamt scheinen APN also insbesondere für Jüngere und Bürger aus der Bildungsmitte, die in finanziell prekären Verhältnissen leben, eine attraktive Möglichkeit zu bieten, sich mit Informationen und Nachrichten zu versorgen. Bei den Älteren und (finanziell) besser situierten sind es eher diejenigen mit ausgeprägtem ‚Bürgersinn' und einer Nähe zu rechten Weltbildern, die APN präferieren und sie vermutlich nutzen, um sich mit meinungskonsonanten Informationen und Ansichten zu versorgen, die häufig auch aus nicht-journalistischen Quellen stammen und ihr Weltbild bestätigen. Dieses Profil gilt allerdings nur für Bürger ab 30 Jahren. Bei jüngeren Menschen gelten andere Regeln. Wie bereits berichtet, korreliert in dieser Gruppe lediglich die formale Bildung mit dem APN-Nutzungsanteil. Alle anderen erwarteten und bei den Älteren auch gefundenen Zusammenhänge fehlen hier; das gilt sogar für die Personalisierungsskepsis. Das unterstreicht, dass der Umgang mit APN für junge Menschen – mit Ausnahme formal Niedriggebildeter – heute offenkundig zum Standard der Nachrichtennutzung zählt und daran auch unterschiedliche Kenntnisse und Einstellungen gegenüber den Nachteilen und Gefahren einer algorithmengesteuerten Personalisierung nichts ändern.

Ob die Konzentration der Nachrichtennutzung auf algorithmisch personalisierte Kanäle auch mit einer Verstärkung von Meinungen einhergeht und damit Polarisierung begünstigt, untersucht das folgende Kapitel. Dabei wird auch geprüft, ob eine kritische Einstellung von Bürgern gegenüber den negativen Effekten von APN deren Wirkungen verringert. Immerhin haben wir soeben gezeigt, dass Menschen mit höherer Personalisierungsskepsis einen geringeren APN-Nutzungsanteil aufweisen. Allerdings fiel dieser Zusammenhang schwach aus. Hätte die Personalisierungsskepsis von Bürgern gar keinen Einfluss auf ihr APN-Nutzungsverhalten, wäre das zweifellos eine schlechte Nachricht. Denn es würde implizieren, dass man den APN-Nutzungsanteil durch die Sensibilisierung und Aufklärung von Bürgern über die negativen Aspekte personalisierter Nachrichtenkanäle kaum reduzieren kann. Trotzdem bleibt die Hoffnung, damit ihre Anfälligkeit für Meinungspolarisierung durch APN zu begrenzen.

APN-Nutzungsanteil, politische Einstellungen und Polarisierung

5.1 Meinungspolarisierung als weltweiter Trend

Demokratische Systeme basieren auf der Grundannahme, dass sich politisch informierte Bürger mit unterschiedlichen Interessen und Vorstellungen in einem öffentlichen Diskurs austauschen (Deliberation, vgl. etwa Gastil, 2008) und in Wahlen ihre Repräsentanten bestimmen. Diese Volksvertreter vertreten – so die Anforderung – die Erwartungen und Wünsche ihrer Wähler (Responsivität, vgl. etwa Brettschneider, 2002). Sie treffen ihre politischen Entscheidungen erst nach einem angemessenen öffentlichen Diskurs, in dem möglichst alle Forderungen und Argumente gegeneinander abgewogen werden. Ein öffentlicher Diskurs erfordert, dass sich die unterschiedlichen Meinungslager auf relevante Themen bzw. lösungsbedürftige Probleme, auf allgemein akzeptierte Fakten bzw. Daten, auf gültige Argumente sowie auf gemeinsame Diskussionsregeln einigen können. Nur wenn eine gemeinsame Basis als Diskussionsgrundlage sowie die allgemeine Bereitschaft zu einem offenen und fairen Diskurs existieren, kann eine Demokratie dauerhaft bestehen (vgl. grundlegend Habermas, 1981). Entsprechend Besorgnis erregend ist, dass in den letzten Jahren in vielen Demokratien populistische Kräfte an Bedeutung gewinnen oder bestehende Parteien zunehmend extreme Positionen vertreten. Eine solche *Elitenpolarisierung* (vgl. Baldassarri & Gelman, 2008) wurde in den USA bereits vor zehn Jahren beobachtet und beschrieben, als die rechtskonservative Tea-Party-Bewegung innerhalb der republikanischen Partei zunehmend Macht und Einfluss gewann. Populistische Kräfte suchen ihren Erfolg eher in der Spaltung der Bevölkerung, indem sie Unterschiede zwischen Meinungslagern verschärfen und diese gegeneinander aufbringen. Je extremer die Meinungen unterschiedlicher Bevölkerungsgruppen sind, je polarisierter also eine Gesellschaft ist, desto gefährdeter sind ihr Zusammenhalt, ihre Diskursfähigkeit und die Demokratie.

Es existieren unterschiedliche Muster bzw. Vorstellungen von Polarisierung: In den USA ist eine besonders ausgeprägte Form der Polarisierung zu beobachten, bei der die Bürger auf beiden Seiten des politischen Spektrums extremere, d. h. stärker voneinander abweichende Einstellungen entwickeln. Bei dieser symmetrischen Polarisierung haben sowohl Anhänger der Demokraten als auch der Republikaner in den letzten Jahren zunehmend die ideologischen Positionen ‚ihrer' Parteien in verschiedenen Feldern übernommen (Pew Research Center, 2016). In anderen Worten: Der Anteil der Parteianhänger, die zu einzelnen Themen Meinungen vertraten, die von der Position ihrer Partei abwichen, ist im Lauf der Zeit gesunken. In diesem Fall wird Polarisierung also nicht nur als das Auseinanderdriften von zwei Meinungslagern im Zeitverlauf beschreiben, sondern als eine zunehmende Ideologisierung individueller Meinungen zu politischen Themen, die sich durch stärker werdende Korrelationen zwischen der politischen Orientierung von Bürgern und ihren Meinungen zu verschiedenen Themen messen lassen (‚issue partisanship', Baldassarri & Gelman 2008). Diese Überlegung führen einige Politikwissenschaftler und Soziologen weiter. Sie argumentieren, dass politische Polarisierung erst dann vorliegt, wenn sich die Anhänger unterschiedlicher Lager (a) in vielen Themen unterscheiden und (b) innerhalb ihrer Lager konsistente Meinungen entwickeln, wenn also Ideologien themenübergreifend Meinungen prägen. Die Mehrheit der Autoren hingegen sieht Polarisierung bereits dann als gegeben an, wenn sich bei einzelnen Themen extremere Meinungen bzw. Meinungslager herausbilden (ebd.). Wir schließen uns der zuletzt genannten Position einer themenspezifischen Polarisierung aus zwei Gründen an: Erstens scheint die derzeitige Lagerbildung in Deutschland noch nicht so ‚verhärtet' wie in den USA und die Erwartung einer Polarisierung der Bevölkerung über verschiedenste Themen hinweg (noch?) unrealistisch. Zweitens konnten wir in unserem Fragebogen nur Meinungen zu einer sehr begrenzten Zahl von Themen erfassen und können deshalb keine Aussagen zu einer themenübergreifenden Polarisierung machen.

In den meisten europäischen Ländern scheint keine Polarisierung der Bürger auf beiden Seiten des politischen Spektrums vorzuliegen. Vielmehr extremisiert sich ein Teil der Bürger unter dem Einfluss populistischer Kräfte, die einfache und extreme Lösungen für komplexe politische Probleme versprechen (vgl. etwa Müller, 2016). Der Rest der Bevölkerung bleibt bei gemäßigten Einstellungen, so dass wir hier von asymmetrischer Polarisierung sprechen können. In manchen Ländern bilden die Anhänger populistischer Akteure die Mehrheit (z. B. die Brexit-Entscheidung in Großbritannien, die AKP in der Türkei, PiS in Polen und Fidezs in Ungarn). In anderen Ländern sind sie – noch? – in der Minderheit (AfD in Deutschland, SVP in der Schweiz, Front National in Frankreich). In Österreich kam die rechtspopulistische FPÖ immerhin als kleinerer Partner in einer Koalition mit der gemäßigt konservativen ÖVP in die Regierung. Teilweise ist schwer auszumachen, ob die Populisten und ihre Anhänger der linken oder rechten Seite des politischen Spektrums zuzuordnen sind, so z. B. in Italien bei der Cinque Stelle-Bewegung. In den meisten europäischen Ländern – Deutschland (AfD), Österreich (FPÖ) und die Schweiz (SVP) eingeschlossen – schart sich das extreme Meinungslager jedoch recht eindeutig um rechtspopulistische Positionen. Diese stellen die Interessen des eigenen Landes eindeutig in den Vordergrund (Nationalismus, z. B. auch Trump in den USA), betrachten die eigene Ethnie und Sprache als anderen Völkern überlegen (Rassismus und Chauvinismus), begreifen das Volk als homogene, untrennbare, ‚völkische' Einheit, sehen sich von außen (z. B. die EU-Bürokratie oder globalisierte Wirtschaftskonzerne), von inneren Minderheiten (Muslime, Juden, Flüchtlinge, usw.) oder von vermeintlich ‚volksfeindlichen', abgehobenen Eliten (Politiker, Journalisten, Wissenschaftler) bedroht und machen diese als Sündenböcke für alle Probleme verantwortlich.

5.2 Forschungsstand und Forschungsfragen

Während in der theoretischen Literatur üblicherweise erst dann von Polarisierung gesprochen wird, wenn Meinungen oder Meinungslager in einer Gesellschaft *im Zeitverlauf* extremer oder ideologisierter werden, fragen kommunikationswissenschaftliche Studien wie die von Hagen et al. (2017) und die vorliegende nach Zusammenhängen zwischen extremen oder polarisierten Meinungen einerseits und dem Einfluss von Medien und ihrer Nutzung andererseits, ohne eine entsprechende Entwicklung nachzuzeichnen. Das ist durchaus sinnvoll, auch wenn man damit das dynamische Phänomen der Meinungspolarisierung nicht vollständig erfasst und strenggenommen nur von Meinungsextremität sprechen sollte.

Denn erstens ist die Diagnose extremer Meinungslager, die kaum miteinander in Diskurs treten können oder wollen, auch dann gesellschaftlich relevant, wenn man (noch) keine empirische Aussage zur dynamischen Entwicklung machen kann. Deshalb erlauben wir uns auch aus Gründen der Plakativität von Polarisierung zu sprechen. Zweitens erfordert der Nachweis von Polarisierung im Zeitverlauf Längsschnitt-Studien mit mehrjährigen Erhebungszeiträumen, die es aktuell in der Medienforschung schlichtweg noch nicht gibt. Drittens geht es in kommunikationswissenschaftlichen Studien nicht um gesellschaftliche Polarisierung per se, sondern um Zusammenhänge mit Kommunikationsphänomenen. Diese lassen sich jedoch ausschließlich auf dem *Individualniveau* untersuchen, etwa in dem Sinn, wie sich Bürger mit hohem APN-Nutzungsanteil in ihren Meinungen von Bürgern mit geringem APN-Nutzungsanteil unterscheiden. Wir analysieren also keine gesellschaftliche Veränderung (Aggregatebene) im Zeitverlauf, wie das klassische Polarisierungsstudien tun, sondern konzentrieren uns auf die Frage, wie sich Individuen mit unterschiedlicher Mediennutzung zu einem einzigen Zeitpunkt in ihren Einstellungen unterscheiden (Korrelationsdesign).

Zwar wären Längsschnitt-Studien mit Paneldesign möglich und wünschenswert, weil sie nicht nur Polarisierung im Zeitverlauf erfassen, sondern auch Ursache-Wirkungs-Aussagen auf Individualniveau zulassen. *Theoretisch* sollte es damit sogar möglich sein, die Frage zu beantworten, ob ein steigender APN-Nutzungsanteil bei Bürgern zu extremeren Einstellungen führt, oder ob umgekehrt Bürger mit extremeren Einstellungen immer mehr zu algorithmischen Nachrichtenkanälen ‚greifen'. Doch diese Hoffnung erscheint uns wenig realistisch, weil vermutlich kein einfach-gerichteter Kausalzusammenhang vorliegt. Realistischer erscheint uns vielmehr ein Spiralprozess (‚reinforcing spirals', vgl. Slater, 2007), bei dem sich extremer werdende Meinungen und eine zunehmende Nutzung algorithmischer Kanäle gegenseitig aufschaukeln. Doch dieser angenommene Spiralprozess ist individuell unterschiedlich ausgeprägt und läuft wahrscheinlich unterschiedlich schnell ab. Deshalb ist es in einer Panelstudie eine große Herausforderung, allgemeine Zeitabstände zwischen den Befragungswellen festzulegen, mit denen man Spiralbewegungen bei allen Befragten gleichermaßen nachvollziehen kann.

Entsprechend werden wir uns in der Folge damit begnügen, Individuen mit mehr oder weniger polarisierten Meinungen im Sommer 2017 gegenüberzustellen und nach Zusammenhängen mit ihrer Nutzung algorithmischer Nachrichtenkanäle und anderen Variablen zu suchen. Der bisherige Forschungsstand hierzu ist überschaubar.

Selective Exposure und extreme Meinungen

Dass ein verstärkter Kontakt mit meinungskonsonanten Nachrichten, wie er auch in APN zu erwarten ist, grundsätzlich mit extremen Meinungen zusammenhängt, belegte erstmals Stroud (2010) für die USA. Sie fand, dass Individuen, die Medien mit eindeutigen politischen Standpunkten bevorzugen (sog. Partisan Media wie z. B. Fox News oder Breitbart), extremere Meinungen aufweisen. Ein ähnliches Bild fanden Tsfati & Chotiner (2016) in Israel. Hierauf aufbauend untersuchten Tsfati et al. (2014) und Tsfati & Chotiner (2016) die Annahme, dass dieser Zusammenhang maßgeblich von der individuellen Meinungsklimawahrnehmung moderiert wird: Wer überwiegend meinungskonsonante Nachrichten rezipiert, neigt dazu, die Größe des eigenen Meinungslagers zu überschätzen (False Consensus Effect, Ross, Greene, & House, 1977). Und da die individuelle Meinungsbildung stark von Meinungen beeinflusst wird, die im sozialen Umfeld und in der Öffentlichkeit dominieren bzw. zu dominieren scheinen (Konformismus), kann eine verzerrte Meinungsklimawahrnehmung Menschen in ihrer bestehenden Meinung bestätigen und diese weiter verstärken. Die Autoren konnten diese Annahmen in Befragungen in Israel und den USA bestätigen.

Da algorithmisch personalisierte Nachrichtenkanäle das menschliche Bedürfnis nach meinungskonsonanten Nachrichten und Meinungen perfekt bedienen, erscheint es plausibel, dass sie in diesem Zusammenhang eine relevante Rolle spielen. Der kontinuierliche Kontakt mit meinungskonsonanten Nachrichten dort (Filterblase) und Meinungen (Echokammer) kann nicht nur die Weltsicht von Individuen bestärken, sondern ihnen auch das Gefühl vermitteln, dass viele andere auch so denken oder gar die Mehrheit der Bevölkerung ihre Meinung teilt (Looking Glass Perception, Fields & Schuman, 1976). Die wiederholte Bestätigung der eigenen Meinung kann schließlich zu ihrer Verstärkung führen. Dieses Zusammenspiel ist vermutlich bei Individuen mit höherer Selective-Exposure-Neigung besonders stark ausgeprägt, denn diese weisen extreme Meinungen auf (Stroud, 2010; Tsfati et al., 2014) und haben einen leicht erhöhten APN-Anteil (Kapitel 4.3).

APN, Selective Exposure und Filterblasen

Der aktuelle Forschungsstand zu Selective Exposure bzw. Filterblasen in APN ist uneinheitlich (vgl. die Überblicke bei Hagen et al., 2017, und Borgesius Zuiderveen et al., 2016). Das ist auch nicht verwunderlich, denn die ‚Abgeschlossenheit' oder ‚Offenheit' von Filterblasen ist für jeden Online-Nutzer unterschiedlich und hängt von der individuellen Selective-Exposure-Neigung und einem entsprechendem Auswahlverhalten ab. Deshalb ist die pauschale Frage nach der Existenz oder Nicht-Existenz von Filterblasen nicht zielführend.

Einige Studien finden sogar, dass Social Media-Nutzer nicht weniger, sondern sogar mehr Kontakt mit vielfältigen bzw. meinungsdissonanten Quellen und Inhalten haben (Beam, Hutchens, Hmielowski, 2018; Beam & Kosicki, 2014; Dubois & Blank, 2018; Flaxman, et al., 2016; Fletcher & Nielsen, 2017). Ein solcher *Netzwerk-Effekt* wurde bereits vor Jahren diskutiert (vgl. z. B. Campus, 2012). Er basiert auf der Beobachtung, dass Nutzer in SNS viele sporadische Kontakte mit anderen Personen aufweisen, mit denen sie sonst nichts zu tun hätten und die durchaus eine andere Weltsicht oder Meinung haben können (Weak Ties, vgl. Granovetter, 1973). Für die frühen sozialen Netzwerkplattformen, die noch wenig algorithmisch personalisiert waren, mag das so gegolten haben. Bei den heutigen SNS hat die algorithmische Personalisierung erheblich an Gewicht gewonnen – allein aufgrund der schieren Informationsmenge, die nur noch mittels algorithmischer Filter zu bewältigen ist (siehe Kapitel 2.1). Damit könnte die Relevanz des Filterblasen-Effekts über die Jahre gestiegen sein.

Allerdings ist sicherlich auch in heutigen SNS ein Netzwerk-Effekt wirksam. Seine Stärke ist jedoch individuell unterschiedlich und hängt von der Größe und

Heterogenität der persönlichen Netzwerke von SNS-Nutzern ab (vgl. Bechmann & Nielbo 2018). Im Zuge einer zunehmenden Konfrontation zwischen politischen Lagern ist es auch denkbar, dass politisch aktive Bürger bewusst im Netz nach ‚gegnerischen' Beiträgen und Meinungen suchen, um sie zu bekämpfen. Dieser „Filter Clash" (Pörksen, 2018) kann auf höchst unterschiedliche Weisen geführt werden: zum Beispiel durch widersprechende oder aufklärende Kommentare (Counter Speech), durch Weiterleiten der ‚feindlichen' Beiträge oder Kommentare im eigenen Netzwerk, um das eigene Lager zum Widerspruch oder gar zum Shitstorm zu aktivieren, oder durch Meldung bei der betreffenden Plattform mit dem Ziel, die Beiträge löschen zu lassen. Insgesamt ist anzunehmen, dass bei manchen Individuen der Netzwerk-Effekt stärker ausfällt als der Filterblasen-Effekt und sie in APN mehr Kontakt mit meinungsdissonanten Angeboten und Inhalten haben als in nicht-personalisierten Kanälen. Bei anderen Nutzern hingegen – wir vermuten, es handelt sich um die Mehrheit – sollte netto der Filterblasen-Effekt dominieren.

Auch die einzelnen Plattformen unterscheiden sich in der Stärke der algorithmischen Personalisierung. Das mag erklären, warum Haim et al. (2017) bei Google News bzw. in dortigen Nutzer-Accounts eine große Vielfalt an Quellen und Themen entdeckten. Facebook-Studien hingegen finden eher, dass die Nutzer überwiegend meinungskonsonante Inhalte sehen (Bakshy, Messing, & Adamic, 2015; Stark et al., 2017; Zollo et al., 2015), und auch bei Twitter dominieren segregierte, ideologisch konsonante Netzwerke, die nur wenig miteinander verbunden sind (Conover et al., 2011; Gruzd & Roy, 2014; Yardi & boyd, 2010). Während sich ein Großteil der Forschung auf Facebook und Twitter bezogen hat, gibt es kaum Forschung zu anderen APN. Beam (2014) verglich in einem Nutzungsexperiment vier unterschiedliche „personalized news recommender systems" und konnte bestätigen: Je höher der Grad der algorithmischen Personalisierung eines solchen Systems, desto weniger meinungsdissonante Schlagzeilen und Beiträge sahen die Versuchspersonen.

APN-Nutzung und Polarisierung

Auch zum Zusammenhang zwischen APN-Nutzung, verzerrter Meinungsklimawahrnehmung und Polarisierung existiert bislang nur wenig Forschung. Eilders und Porten-Cheé (2016) finden in einer Studie zum Klimawandel keine Unterschiede in der Meinungsklimawahrnehmung zwischen Befragten, die sich bevorzugt über Social Media-Plattformen informieren und Nutzern journalistischer Medien. In der Mehrmethodenstudie von Stark et al. (2017, S. 188) dagegen zeigt sich bei Facebook-Nutzern eine in Richtung der eigenen Einstellung verzerrte Meinungsklimawahrnehmung.

5.2 Forschungsstand und Forschungsfragen

Grundsätzlich ist zu konstatieren, dass die einzelnen Bestandteile des Wirkungsgeflechts zwischen der Nutzung von APN und der Entwicklung extremer Meinungen alles andere als eindeutig sind und sich empirisch schwierig fassen lassen. Das liegt nicht nur an unserem mangelnden Wissen über die Bedeutung bzw. das Gewicht algorithmisch-personalisierter Kanäle im individuellen Nachrichtenmenü, sondern auch an den meist unberücksichtigten Spezifika einzelner Plattformen. Auch die untersuchten Themen beeinflussen die empirischen Befunde. Tatsächlich entdecken in Deutschland gerade Studien zur moralisch aufgeladenen und hochgradig emotional geführten Flüchtlingsdebatte Polarisierungseffekte, während bei anderen Themen keine oder schwächere Effekte zu verzeichnen sind. Bislang kaum berücksichtigte Persönlichkeitsunterschiede der Nutzer tragen vermutlich auch zu widersprüchlichen Studienergebnissen bei. So ist es denkbar, dass nicht nur Bürger in ‚starken' Filterblasen und Echokammern extreme Meinungen entwickeln, sondern auch Personen, die häufig Kontakt mit dissonanten Meinungen haben oder diese in APN sogar aktiv suchen. Einen solchen, zunächst paradox anmutenden „Backfire Effect" (Nyhan & Reifler, 2010) konnten Baila et al. (2018) für Twitter experimentell nachweisen. Nach einer Vorher-Befragung zu verschiedenen politischen Meinungsitems konfrontierten sie US-Anhänger der Republikaner und der Demokratien über mehrere Wochen (freiwillig) mit Tweets der jeweils anderen Seite. Bei einer Nachher-Befragung anderthalb Monate später hatten sich die Meinungen aller Versuchspersonen verstärkt. Der Effekt war interessanterweise bei denjenigen am stärksten, die die gegnerischen Tweets mit der größten Aufmerksamkeit gelesen hatten. Verschiedene Erklärungen kommen in Frage: Individuen schätzen gemäß der Assimilations-Kontrast-Theorie (bzw. Social Judgment Theory von Sherif & Hovland, 1961) eindeutig meinungsdissonante Botschaften als noch dissonanter ein, als sie tatsächlich sind, so dass sich – gleichsam als Reaktanzverhalten – ihre Meinungen weiter festigen oder verstärken können. Denkbar ist auch, dass der Kontakt mit ‚feindlichen' Botschaften das Zusammengehörigkeitsgefühl im eigenen Meinungslager stärkt. Durch eine sozialpsychologisch klassische Ingroup-Outgroup-Wahrnehmung (‚Wir gegen die anderen') schaukeln sich dadurch die Meinungen weiter auf.

Das Resultat ist trotz unterschiedlicher Wirkungszusammenhänge dasselbe, nämlich dass ein höherer APN-Nutzungsanteil mit stärkerer Meinungspolarisierung einhergehen kann. Tatsächlich existieren mittlerweile mehrere Studien aus den USA und Deutschland, die den *generellen* Zusammenhang zwischen der Nutzung von Kanälen, die Charakteristika algorithmisch-personalisierter Nachrichtenkanäle aufweisen, und extremen Meinungen auf dem Individualniveau bestätigen.

Tewksbury & Rittenberg (2012) reanalysierten die Daten einer US-Befragung. Die Teilnehmer gaben einerseits ihre parteipolitische Orientierung an (Republikaner vs. Demokraten); andererseits wurde ihre APN-Nutzung auf drei Stufen ermittelt: (1) keine, (2) niedrige und (3) hohe „reliance on customized news media relative to general news media". Danach sollten die Befragten ihr Nachrichteninteresse für mehrere Themen angeben, die sich recht eindeutig einer der beiden Parteien zuordnen ließen, darunter Wirtschaftsthemen (Demokraten) und der Afghanistan-Krieg (Republikaner). Tatsächlich traten die parteitypischen bzw. ideologisch passenden Themeninteressen besonders bei Personen auf, die sich stark auf personalisierte Medien verließen. Außerdem sollten die Befragten politische Statements beurteilen, die ebenfalls jeweils für eine der beiden Parteien typisch sind (pro vs. contra aktiver Staat). Auch hier unterschieden sich demokratische und republikanische Nutzer personalisierter Nachrichtenkanäle stärker als Personen, die überwiegend klassische Nachrichtenangebote nutzten. In einer weiteren Reanalyse nationaler US-Befragungsdaten konnten Tewksbury & Riles (2015) bestätigen, dass allein der Umfang der informierenden Internetnutzung (drei Gruppen mit niedriger, mittlerer und starker Internetnutzung) bei Anhängern der demokratischen und republikanischen Partei zu extremeren Meinungen beigetragen hat – unabhängig von der Ethnie und dem Einkommen.

Hagen et al. (2017) führten im Frühjahr 2016, also zum Höhepunkt der deutschen Flüchtlingsdebatte, eine repräsentative Telefonbefragung durch. Die Teilnehmer wurden gemäß ihren Mediengewohnheiten in drei Gruppen aufgeteilt: (1) Social-Media-Nichtnutzer, (2) -Geringnutzer und (3) -Intensivnutzer.[22] Außerdem sollten sie folgende Aussage bewerten: „Es kommen ja zurzeit viele Menschen aus anderen Ländern nach Deutschland. (…) Die Kanzlerin hat gesagt: ‚Wir schaffen das'. Wie sehen Sie das?". Auch hier zeigte sich mit steigender Social-Media-Nutzung eine zunehmende Polarisierung unter den Teilnehmern: Während 39 Prozent der Social-Media-Intensivnutzer das Kanzlerinnenzitat entweder völlig ablehnte (Skalenpunkt 1 auf einer Siebener-Skala) oder ihm total zustimmte (Skalenpunkt 7), lag der Anteil dieser Extremantworten bei den Social-Media-Geringnutzern bei nur 33 Prozent und bei den Nichtnutzern bei 25 Prozent (S. 11). Allerdings fand diese Polarisierung ausschließlich in der Gruppe der Niedriggebildeten statt; unter Teilnehmern mit Abitur brachte Social-Media-Nutzung keine Effekte (S. 13).

Flaxman, Goel & Rao (2016) erfassten Nutzungsanteile unterschiedlicher Zugangswege zu politischen Online-Nachrichten und -Kommentaren mittels

---

22 Diese Terminologie entspricht unserer Definition von APN nur bedingt, weil einige Social-Media-Anwendungen wie beispielsweise Blogs oder Wikis ohne Algorithmen funktionieren und keine Personalisierung bieten. Da die Verfasser bei der Erhebung der Social-Media-Nutzung allerdings nahezu ausschließlich nach Social Network Sites und anderen algorithmischen Plattformen gefragt haben, passen die Gruppen recht gut zu unserer Unterscheidung.

Logfile-Analysen. Dabei wurden ausschließlich Onliner berücksichtigt, die im Untersuchungszeitraum regelmäßig auf politische Inhalte zugriffen. Als Zugangswege wurden unterschieden (1) Suchmaschinen, (2) Social Network Sites, (3) Aggregatoren (in erster Linie Google News) sowie (4) der direkte Zugriff auf Websites. Die politischen Einstellungen der mehr als 50.000 Untersuchungspersonen schlossen die Autoren indirekt aus den politischen Orientierungen der von ihnen genutzten Informationsquellen. Polarisierung erfassten sie, indem sie zunächst für jede einzelne Paarung von Personen in der Stichprobe die Distanzen ihrer Einstellungen ermittelten (‚Segregation') und danach für alle Zugangswege die durchschnittlichen Segregations-Werte als Polarisierungs-Maß berechneten. Wieder fand sich die größte politische Polarisierung bei Individuen, die mittels SNS und Suchmaschinen auf Nachrichten zugegriffen hatten – obwohl diese Gruppe gleichzeitig auch Kontakt mit politisch vielfältigeren Medien hatte.

Kausalitätsrichtung

Alle genannten Studien bestätigen zwar eine Korrelation zwischen der Internet-, Social-Media- bzw. APN-Nutzung und extremen Meinungen. Als Querschnitt-Studien erlauben sie allerdings keine Aussage zur *Kausalitätsrichtung*. Denn die umgekehrte Kausalitätsrichtung ist wie bereits angesprochen mindestens genauso plausibel: Individuen mit extremen Meinungen nutzen vorzugsweise Nachrichtenkanäle, die sie vor meinungsdissonanten Inhalten ‚schützen' bzw. in denen sie ihre extremen Meinungen selbst am besten verbreiten können. Arlt und Wolling (2018, S. 16 f.) fanden in einer repräsentativen Online-Befragung zur Flüchtlingsdebatte im deutschsprachigen Raum, dass extrem flüchtlingskritische Personen („Anti-Refugee Activists" und „Worried Agitators") Facebook nicht nur signifikant häufiger nutzen als der Rest der Bevölkerung, sondern dort auch sehr aktiv kommentieren. Auch hier sind beide Kausalitätsrichtungen möglich: Entweder bevorzugen Flüchtlingskritiker Facebook oder aber die stetig negativen Nachrichten über Flüchtlinge, die sie auf Facebook in ihrer Filterblase bekommen, führen zu einer Extremisierung ihrer Einstellung. Denkbar und aus unserer Sicht am plausibelsten ist eine dritte Variante, nämlich dass hier ein Spiralprozess vorliegt. Beide Wirkungen finden also parallel statt und verstärken sich wechselseitig. In anderen Worten: Wer von Anfang an eine extreme Meinung hat, schätzt die personalisierte Nachrichtenauswahl in APN, wird dort kontinuierlich mit meinungskonsonanten Inhalten und Meinungen konfrontiert und entwickelt im Lauf der Zeit eine noch extremere Meinung, die wiederum die Nutzung von APN erhöht. Diese Interpretation findet sich auch bei Stark et al. (2017, S. 188). Die Autoren schreiben in ihrer Facebook-Studie:

„Es bestätigt sich, dass gruppendynamische Entwicklungsprozesse entstehen, die den prägenden Charakteristika der Kommunikationsumgebung auf Facebook geschuldet sind und als Ursache von Wahrnehmungsverzerrungen interpretiert werden müssen, die zugleich den Nährboden für Echokammern-Effekte schaffen. Den Befunden der Studie zufolge kommen diese aber nur unter bestimmten Bedingungen zum Tragen. Unabhängig von der tatsächlichen Meinungsverteilung in der Bevölkerung kann dies dazu führen, dass die Menschen die Mehrheitsmeinung zu bestimmten Themen in der Gesellschaft falsch einschätzen. So kann es auf Facebook zu einem Spiralprozess kommen, in dessen Verlauf ein Meinungslager vielleicht nicht mehr wahrgenommen werden kann, bedingt durch die höhere Artikulationsbereitschaft des anderen."

Forschungsfragen und Hypothesen

Fasst man den empirischen Forschungsstand zum Zusammenspiel zwischen der Nutzung algorithmisch-personalisierter Nachrichtenkanäle und Meinungspolarisierung zusammen, findet man neben Indizien für einen grundsätzlichen Zusammenhang und widersprüchlichen Ergebnissen zu den einzelnen Wirkungsbestandteilen erhebliche Forschungsdefizite. Diese sollen im Folgenden soweit möglich geschlossen werden.

Auf der Medienseite untersuchen bisherige Studien unterschiedlichste *Kanaltypen und Angebote* als Auslöser von Meinungspolarisierung, die von Facebook und Twitter über Suchmaschinen, soziale Netzwerke im Allgemeinen bis hin zu personalisierten Nachrichten reichen. Das macht eine echte Vergleichbarkeit der Studien nahezu unmöglich. Wir vermuten aus den in Kapitel 2.2 genannten Gründen, dass die algorithmische Personalisierung von Nachrichten das größte Polarisierungspotenzial aufweist und untersuchen dieses Prinzip kanal- und angebotsübergreifend.

Die Stärke des Zusammenhangs zwischen genutzten Nachrichtenkanälen und Polarisierung kann nur sinnvoll überprüft werden, wenn man den Umfang ihrer Nutzung berücksichtigt: Bei Personen, die gelegentlich in APN Nachrichten lesen, sind geringere Effekte zu erwarten als bei Intensivnutzern. Naheliegend ist ein linearer Wirkungszusammenhang; deshalb ist es unerlässlich, den *APN-Nutzungsanteil als metrischen Prädiktor für Polarisierung* zu erheben, wie das die vorliegende Studie tut.

Der Zusammenhang zwischen APN-Nutzung und Polarisierung ist vermutlich nicht bei allen *Themen* gleichermaßen stark. Bisherige Studien haben immer nur ein einziges Thema erfasst. Wenn manche also Effekte finden und andere nicht, kann das schichtweg am verwendeten Thema liegen. Deshalb untersuchen wir den Zusammenhang zwischen APN-Nutzung und Polarisierung anhand von zwei Themen.

Individuelle Meinungen hängen natürlich nicht nur mit den genutzten Nachrichtenkanälen und den dortigen Inhalten zusammen, sondern auch mit *Perso-*

5.2 Forschungsstand und Forschungsfragen

nenmerkmalen. Wenn also ein starker APN-Nutzer extreme Meinungen aufweist, kann das an dem hohen APN-Nutzungsanteil liegen; es kann sich aber auch durch Persönlichkeitsvariablen erklären. Tatsächlich werden politische Einstellungen vermutlich stärker von persönlichen Hintergründen geprägt als vom APN-Nutzungsanteil. Da es dazu bislang kaum Forschung gibt, werden wir in multivariaten Modellen die konkurrierenden Einflüsse aller in Kapitel 4 untersuchten Persönlichkeitscharakteristika berücksichtigen. Dabei lässt sich auch zeigen, wie stark der Netto-Einfluss des APN-Nutzungsanteils auf Meinungspolarisierung ist.

Der Zusammenhang zwischen dem APN-Nutzungsanteil und politischen Meinungen wird vermutlich auch von *Persönlichkeitsvariablen moderiert*. Das bedeutet, dass die Präferenz für algorithmische Kanäle und die Meinungsextremität bei manchen Menschen korreliert, bei anderen hingegen nicht. Beispielsweise gehen jüngere Nutzer generell anders mit Social Media, mobilen Geräten und personalisierten Nachrichtenkanälen um als ältere. Deshalb sind Interaktionen zwischen dem Alter und dem APN-Nutzungsanteil in ihrer Wirkung auf Polarisierung zu erwarten, wenn auch aufgrund des unzureichenden Forschungsstandes nicht eindeutig prognostizierbar. Um herauszufinden, welche Personenmerkmale hier infrage kommen, ermitteln wir zusätzlich Interaktionen zwischen dem APN-Nutzungsanteil und ausgewählten Persönlichkeitsvariablen. Aus der Überfülle möglicher Interaktionsterme greifen wir für die Analyse Charakteristika heraus, die in Kapitel 4.3 stark mit dem APN-Nutzungsanteil korrelierten und/oder deren Zweifach-Interaktionen sich inhaltlich gut interpretieren lassen: Das sind Alter, Geschlecht, formale Bildung, Skepsis gegenüber personalisierten Nachrichten (Personalisierungsskepsis) sowie die politische Orientierung.

Aus dem Gesagten lassen sich folgende Hypothesen und Forschungsfragen ableiten: Hypothese 3.1: Der APN-Nutzungsanteil korreliert unter Kontrolle aller Persönlichkeitseigenschaften mit der Meinungspolarisierung (Personalisierungs-Polarisierungs-Effekt). Forschungsfrage 3.1: Welchen Einfluss hat das Thema, zu dem Meinungen abgefragt werden, auf die Korrelation zwischen dem APN-Nutzungsanteil und der Meinungspolarisierung? Hypothese 3.2: Die Korrelation zwischen dem APN-Nutzungsanteil und der Meinungspolarisierung wird von folgenden Persönlichkeitseigenschaften moderiert: (a) Alter, (b) Geschlecht, (c) formale Bildung, (d) Personalisierungsskepsis und (e) politische Orientierung.

5.3 Methode

Analyselogik zur Polarisierung

Eine etablierte und einfache Erfassung von themenbezogener Meinungsextremität und Polarisierung besteht darin, Befragungsteilnehmer Meinungs-Statements mittels Likert-Skalen beurteilen zu lassen, die in der Regel fünf- oder siebenstufig sind (in unserem Fall von 1=„lehne ich völlig ab" bis 5= „stimme völlig zu"). Üblicherweise ergeben sich bei den Antworten *Normalverteilungen*, d. h. die meisten Befragten kreuzen die mittleren Positionen der Skala an, während die äußeren Stufen seltener ausgewählt werden (vgl. in der idealisierten Abbildung 7 die Verteilung a). Je mehr Befragte sich an den Polen der Skala einordnen, desto mehr flacht sich die Kurve an den Rändern ab (Verteilung b). Ein einfaches Maß für die Steilheit bzw. Flachheit dieser Kurve ist die Standardabweichung. Sie erfasst die durchschnittliche Abweichung aller Einzelmeinungen in einer Stichprobe von der Durchschnittsmeinung. Je höher die Standardabweichung, desto größer sind die Meinungslager an den Rändern. Die Kurve kann sich auch zu einer U-Form mit zwei Gipfeln bzw. Modi umdrehen. Bei der klassischen U-Kurve befinden sich die beiden Gipfel direkt an

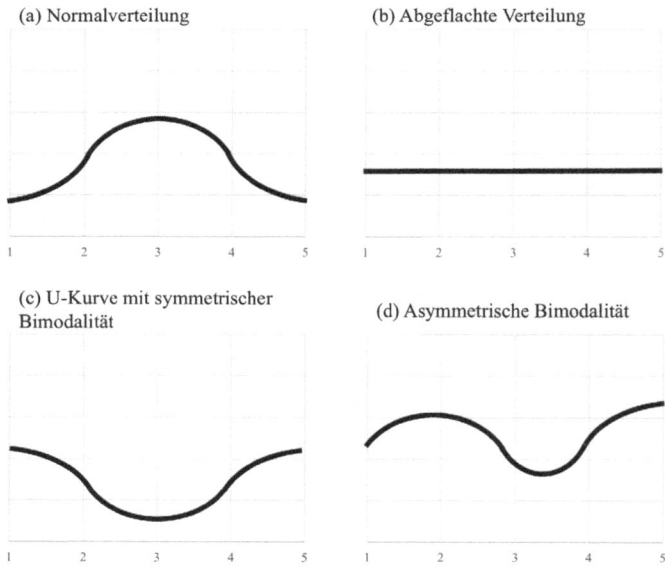

Abb. 7 Verteilungskurven bei Likert-Skalen

den Polen, wir können von *symmetrischer Bimodalität* sprechen (Verteilung c). Je mehr Personen solcherart extreme Meinungen vertreten, als desto stärker polarisiert gilt die Meinungsverteilung und desto höher wird die Standardabweichung auf der Aggregatebene. Hagen et al. (2017) verwenden entsprechend die Standardabweichung als Indikator für die Stärke der Meinungspolarisierung.

Will man Meinungsextremität auf der Individualebene abbilden, kann man die Meinungsabweichung jedes einzelnen Befragten vom Skalenmittelpunkt – das ist bei einer 5er-Skala der Wert 3 – berechnen. Verwendet man diesen Diskrepanzwert im Betrag, d.h. ohne Vorzeichen, erhält man die Meinungsextremität jedes Befragten. Damit weisen Teilnehmer, die einen der beiden Pole der Skala (1 oder 5) angekreuzt haben, unabhängig von der politischen Richtung denselben Grad der Meinungsextremität auf, nämlich den Wert 2. Alle anderen Befragten, die einen Punkt zwischen 2 oder 4 angekreuzt haben, bekommen geringere Werte (0 oder 1). Diese Berechnung erlaubt es, Personen mit gemäßigten und extremen Meinungen – unabhängig davon, auf welcher Seite der Skala sie stehen – miteinander zu vergleichen. Sie ermöglicht es zudem, nach Prädiktoren für extreme Meinungen auf dem Individualniveau zu suchen. Diese Auswertungsstrategie setzt wie die Verwendung von Standardabweichungen eine *symmetrische Bimodalität* an beiden Polen voraus (Abbildung 7, Verteilung c).

In der Praxis sind Meinungsverteilungen häufig links- oder rechtsschief, d.h. die Befragten bevorzugen mehrheitlich die linke oder rechte Skalenseite. Solange die Verteilung unimodal/eingipflig ist und eine Meinungsseite klar dominiert, liegt keine Polarisierung vor. Weist eine links- oder rechtsschiefe Verteilung jedoch zwei Gipfel auf, von denen sich einer am Rand der Skala und der andere eher in der Skalenmitte befindet (Abbildung 7, Verteilung d), haben wir es mit einer *asymmetrischen Bimodalität* zu tun.

Autoren wie Fiorina & Abrams (2011), Baldassarri & Gelman (2008) und Kleiner (2016) bezeichnen generell Bimodalität als statistische Voraussetzung für eine Polarisierung der öffentlichen Meinung. Somit können wir auch bei einer asymmetrisch bimodalen Verteilung von Polarisierung sprechen, obwohl sich die Meinungslager nicht *an beiden Polen* gegenüberstehen, wie das der Begriff der Polarisierung impliziert. Eine asymmetrisch polarisierte Meinungsverteilung, wie wir sie tendenziell in Deutschland erwarten, umfasst also eine Gruppe mit gemäßigten Meinungen auf der einen Seite der Skala (erster Modus) und eine Gruppe mit Extremmeinungen auf der anderen Seite (zweiter Modus). Damit liegen die beiden Gipfel auf der Skala weniger weit auseinander als bei einer U-Kurve. Entsprechend muss bei einer asymmetrischen Polarisierung weder die Standardabweichung noch die Meinungsextremität (als durchschnittliche Diskrepanz einer Einzelmeinung vom Skalenmittelpunkt) sonderlich hoch sein. Die asymmetrische Polarisierung kann damit als eine schwächere Variante der symmetrischen Polarisierung mit ihrer typischen U-Verteilung (Verteilung c) gelten, deren Vorliegen sich nur bedingt anhand der Standardabweichung beurteilen lässt.

Ohnehin ist Polarisierung kein eindeutig zu bestimmendes Phänomen. Man kann zwar den Grad der Polarisierung anhand von verschiedenen Kriterien (Bimodalität, Standardabweichung u. a.) empirisch erfassen. Ob dieses Ausmaß dann ausreichend ist, um tatsächlich als Polarisierung zu gelten, ist eine Frage der Interpretation. Und diese wird zwangsläufig immer diskutabel sein. Für unsere Studie bedeutet das: Wir wollen gar nicht untersuchen – genauer gesagt: interpretieren –, ob die öffentliche Meinung zu politischen Themen in Deutschland polarisiert ist oder nicht. Wir wollen auch nicht beurteilen, ob die Meinungen unserer Befragten *extrem* sind in dem Sinn, dass sie gegen allgemein geteilte, gesellschaftliche Grundwerte oder gar Tabus verstoßen. Stattdessen benutzen wir die Begriffe Meinungsextremität und Meinungspolarisierung frei von politischer Interpretation und Wertung. Uns geht es lediglich darum zu erfassen, ob sich zwei ähnlich starke Meinungslager gegenüberstehen, entweder als symmetrische Polarisierung (Verteilung c) oder als asymmetrische Polarisierung (Verteilung d). Ist das der Fall, wollen wir nach dem Zusammenhang zwischen dem APN-Nutzungsanteil und dieser Meinungspolarisierung fahnden.

Themen, Statements und Meinungsverteilungen

Wie bereits erläutert, sind unterschiedliche Grade von Polarisierung bei unterschiedlichen Themen zu erwarten. Vor allem die moralisch und emotional aufgeladene Debatte zur Flüchtlingspolitik der deutschen Bundesregierung schien uns in der Konzeptionsphase dieser Studie im Sommer 2017 ein geeignetes Thema für starke Effekte. Diese Debatte lief zu diesem Zeitpunkt bereits seit knapp zwei Jahren; sie war in den journalistischen Medien präsent und erlebte besonders in den sozialen Netzwerken eine immense Beachtung und Beteiligung. Es war davon auszugehen, dass Personen mit hohem APN-Nutzungsanteil je nach ihrer Einstellung zu diesem Thema sehr unterschiedliche Nachrichtenkontakte aufweisen. Zur Flüchtlingsdebatte sollten die Befragten zwei Statements auf einer fünfstufigen Skala beurteilen, die betont ausgewogen formuliert waren, um jeden Anflug von Suggestion zu vermeiden:

- „Wenn es um die Politik im Bereich Flüchtlinge und Asyl geht, was meinen Sie: Macht Bundeskanzlerin Angela Merkel ihre Arbeit im Bereich Flüchtlinge und Asyl eher gut oder eher schlecht?" – Skala von 1=„schlecht" bis 5=„gut".
- „In letzter Zeit sind viele Flüchtlinge aus Krisengebieten nach Deutschland gekommen. Finden Sie, Deutschland hat ... Flüchtlinge aufgenommen?" – Skala von

5.3 Methode

1=„zu viele" bis 5=„zu wenige". Für die weiteren Analysen wurden diese Werte gedreht, damit ablehnende Haltungen einheitlich mit hohen Werten codiert sind.

Als zweites Thema entschieden wir uns für die Diskussion um die Frage, ob die Länder der Europäischen Union noch mehr Macht an die EU-Ebene abgeben oder umgekehrt die Nationalstaaten wieder mehr Autonomie zurückbekommen sollten. Dieses Thema war im Sommer 2017 aufgrund der Verhandlungen zum Brexit auch in der deutschen Öffentlichkeit präsent, es wurde zu diesem Zeitpunkt allerdings nur wenig kontrovers und emotional debattiert. Da der Fragebogen aufgrund des umfangreichen Fragenprogramms bereits seine absolute Längengrenze erreicht hatte, beschränkten wir uns auf ein einziges Statement zu einem möglichen EU-Rückbau:

- „Wenn Sie an die Beziehungen zwischen der EU und den Regierungen der Länder denken, wie sehr stimmen Sie der folgenden Aussage zu: Die EU sollte künftig einige Macht wieder an die nationalen Regierungen zurückgeben." – Skala von 1=„stimme überhaupt nicht zu" bis 5=„stimme voll und ganz zu".

Abbildung 8 präsentiert die Antwortverteilungen der Befragten zu allen drei Statements. Beim Thema EU-Rückbau zeigt sich erwartungsgemäß eine annähernde Normalverteilung: Die Mitte der Skala (Punkt 3) wurde deutlich häufiger angekreuzt als die Ränder. Das legt die Interpretation nahe, dass die deutsche (Online-)Bevölkerung im Sommer 2017 zwar tendenziell EU-skeptisch, aber nicht polarisiert war. Ein anderes Bild liefern die Statements zur Flüchtlingsdebatte. Hier sehen wir tatsächlich – wie in Abbildung 7d idealtypisch gezeigt – jeweils eine asymmetrisch bimodale Verteilung. Der eine Gipfel befindet sich jeweils am rechten Rand, der andere in der Mitte der Skala. Das wird besonders deutlich bei der Bewertung der Anzahl der aufgenommenen Flüchtlinge: Die eine große Gruppe besteht aus dezidiert unzufriedenen Personen; fast jeder zweite Befragte kreuzte 5 für „zu viele Flüchtlinge" an. Wir nennen diese Gruppe der Einfachheit halber die ‚Kritiker'. Die andere Gruppe bildet auf den verbleibenden vier Skalenpunkten in sich eine leicht rechtsschiefe Normalverteilung, ebenfalls mit einer Tendenz in Richtung Unzufriedenheit. Diese heterogene Gruppe passt gut zu dem, was man allgemein als ‚Mitte der Gesellschaft' bzw. den ‚Mainstream' bezeichnet, auch wenn hier einige wenige Befragte auch extrem linke Positionen einnehmen. Die Antworten zur Flüchtlingsdebatte legen somit eine asymmetrische Polarisierung nahe: Die Kritiker lehnten 2017 die (anfänglich der Humanität verpflichtete) Flüchtlingspolitik der Bundesregierung rundweg ab; der Mainstream war zwar ebenfalls teilweise skeptisch, aber immerhin so versöhnlich, nicht die 5 als ‚Unzufriedenheits-Pol' anzukreuzen.

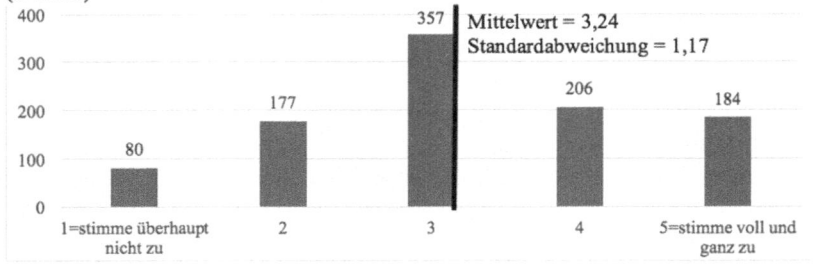

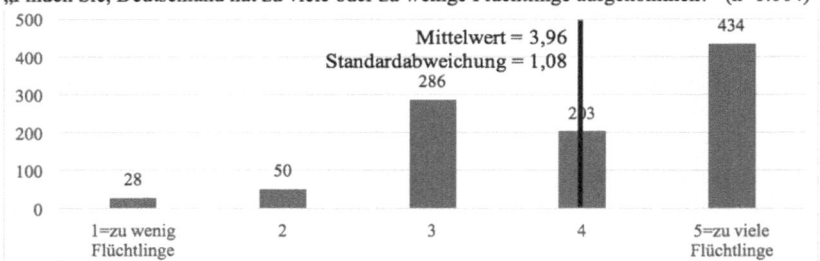

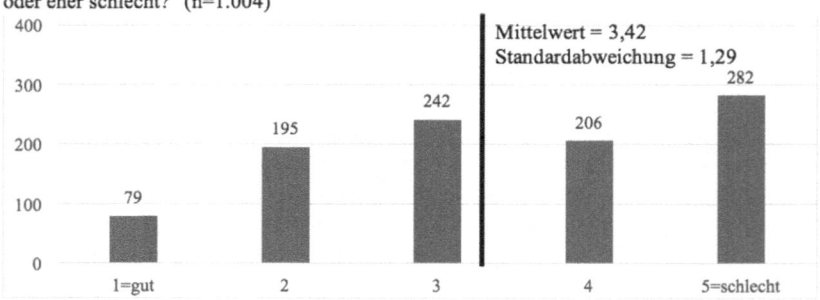

Abb. 8 Antwortverteilungen der drei Meinungs-Statements (Nennungen)

5.4 Ergebnisse

Die asymmetrische Meinungspolarisierung bei der Flüchtlingsdebatte in Deutschland legt es nahe, in der Analyse zum Zusammenhang zwischen APN-Nutzungsanteil, Personenmerkmalen und Polarisierung eine besondere Strategie anzuwenden. Wir ordnen die Befragten bei jedem Meinungs-Statement einer von zwei Gruppen zu: Diejenigen, die den Skalenpunkt 5 angekreuzt haben, bezeichnen wir als Flüchtlings- und EU-Kritiker; alle anderen (Skalenpunkt 1 bis 4) als Mainstream. Diese Strategie wenden wir aus Gründen der Vergleichbarkeit ebenfalls beim EU-Statement an, auch wenn es kaum Anzeichen für eine Polarisierung gibt. Diese beiden Gruppen – Kritiker und Mainstream – vergleichen wir dann mittels binär-logistischer Regressionsanalysen, als deren Prädiktoren wir alle Personenmerkmale, den individuellen APN-Nutzungsanteil sowie relevante Interaktionen zwischen APN-Nutzungsanteil und Personenmerkmalen einführen. Um die ohnehin lange Liste untersuchter Prädiktoren nicht weiter zu überfrachten, unterscheiden wir bei den Variablen Bildung, Haushalts-Nettoeinkommen und Wohnortgröße anders als in Kapitel 4.3 nur jeweils zwei Ausprägungen (hoch versus niedrig und Großstadt vs. kleinere Ortsgröße). Schließlich berechnen wir jeweils vollständige Regressionsmodelle mit allen Prädiktoren (Enter-Prozedur), auch wenn modellreduzierende Regressionen (Stepwise) teilweise bessere Modell-Fits erbracht hätten. Das ermöglicht für alle Themen und Prädiktoren vergleichbare Auswertungen.

Thema EU

Beginnen wir mit dem Thema EU und dem Vergleich zwischen den vergleichsweise wenigen EU-Kritikern (Skalenpunkt 5; n=184) und dem dominanten Mainstream von EU-Befürwortern bis moderaten Skeptikern (Punkte 1 bis 4; n=820). Tabelle 5 zeigt, dass die verwendeten Prädiktoren die Zugehörigkeit der Befragten zu einer der beiden Gruppen recht gut erklären können (83 Prozent korrekt prognostizierte Fälle bei 22,5 Prozent Varianzaufklärung laut Nagelkerkes R^2).[23]

---

23 Eine kurze Erläuterung zu den Kennwerten: Das nicht-standardisierte Steigungsmaß B zeigt anhand seines Vorzeichens an, ob ein Prädiktor die Zugehörigkeit der Befragten zur Gruppe der Kritiker (positives Vorzeichen) oder zum Mainstream begünstigt (negatives Vorzeichen). Odds Ratio weist die Stärke des Zusammenhangs aus: Werte nahe 1 signalisieren einen schwachen bzw. fehlenden Zusammenhang; Werte weit über und unter 1 sprechen für einen starken Zusammenhang. Der Wald-Wert liefert schließlich eine Signifikanzangabe für die Wirkung jedes einzelnen Prädiktors.

Tab. 5 EU-Kritiker versus Mainstream

Prädiktoren	B	Odds Ratio	Wald
Soziodemografie			
Alter	,010	1,010	1,117
Geschlecht (0 = männlich, 1 = weiblich)	-,425	,654	2,129
Bildung (0 = kein Abitur, 1 = mind. Abitur)	-,652	,521	4,378*
Haushalts-Nettoeinkommen (0 < 2.000€, 1 >= 2.000€)	-,246	,782	1,398
Wohnortgröße (0 < 100.000, 1 >= 100.000 Einwohner)	-,271	,763	1,689
Persönlichkeitspsychologie			
Big Five: Extraversion	-,151	,860	1,810
Big Five: Verträglichkeit	-,081	,922	,388
Big Five: Gewissenhaftigkeit	,187	1,206	2,067
Big Five: Negative Emotionalität	,103	1,109	,807
Big Five: Offenheit	-,088	,916	,664
Need for Cognitive Closure	,219	1,244	4,774*
Politikbezogene Persönlichkeit			
Politisches Interesse – Stärke	,038	1,038	,060
Politisches Interesse – Breite	-,135	,873	,617
Duty to keep informed	-,068	,934	,464
Duty to vote	,015	1,015	,033
Politische Partizipation (0 = nein, 1 = ja)	,009	1,009	,001
Self-Efficacy intern	,720	2,055	18,910***
Self-Efficacy extern	-,432	,649	14,218***
Politische Orientierung (1 = links bis 9 = rechts)	,169	1,184	4,116*
Mediennutzungsstil & Einstellungen			
Allgemeine Nachrichtennutzungsdauer in Min./Tag	,000	1,000	,007
Selective-Exposure-Neigung	-,103	,902	,611
Personalisierungsskepsis	,028	1,028	,040
APN_{rel} & Interaktionen			
APN_{rel}	-3,961	,019	2,152
APN_{rel} x Alter	,066	1,069	5,586*
APN_{rel} x Geschlecht	,406	1,501	,248
APN_{rel} x Bildung	1,424	4,154	2,373
APN_{rel} x Personalisierungsskepsis	,124	1,132	,094
APN_{rel} x Politische Orientierung	,266	1,304	1,205
Gesamtmodell	Nagelkerkes R^2 = 0,225 (chi^2 = 128,181***)		

Binär-logistische Regression; n=851; Anteil vorhergesagte Fälle: 82,8%; ***p<0,001; **p<0,01; *p<0,05

5.4 Ergebnisse

Unter den soziodemografischen Prädiktoren erweist sich allein die formale Bildung als relevant in dem Sinne, dass sich unter den EU-Kritikern mehr Personen mit geringer und mittlerer Bildung finden (kein Abitur). Die psychologische Persönlichkeit betreffend zeigt sich ein beinahe schon bildhaft zu interpretierender positiver Zusammenhang zwischen EU-Kritik und einem höheren kognitiven (Ab-)Geschlossenheitsbedürfnis (Need for Cognitive Closure). Von den Personenmerkmalen mit politischem Bezug sind drei Prädiktoren wirksam: die politische Orientierung sowie beide Varianten politischer Selbstwirksamkeitswahrnehmung (Self-Efficacy). Je stärker sich die Befragten dem rechten Lager zuordneten, desto häufiger waren sie EU-Kritiker. Ebenfalls plausibel, wenn auch in dieser extremen Stärke nicht unbedingt zu erwarten, ist der Einfluss der politischen Selbstwirksamkeitswahrnehmung: Je höher die interne und je niedriger die externe Selbstwirksamkeitswahrnehmung, desto häufiger findet sich maximale EU-Kritik. EU-Kritiker sind also tendenziell Bürger, die der Überzeugung sind, politische Prozesse zu verstehen und am politischen Geschehen teilhaben zu können, und gleichzeitig meinen, Politiker und Parteien würden ihre Wünsche nicht beachten. Man lehnt sich wohl nicht allzu weit aus dem Fenster, wenn man bei diesem Profil an AfD-Anhänger denkt: Sie sind politisch eher bis eindeutig rechts; gleichzeitig weisen sie eine Mischung auf aus dem Gefühl, in politischen Fragen kompetent zu sein (interne Self-Efficacy), und einer Abneigung gegen die regierenden ‚Altparteien' oder ‚Systemparteien', die in ihrer Wahrnehmung die Interessen des deutschen Volks ignorieren (externe Self-Efficacy). Dass dabei die EU und der Euro als Feindbild und Sündenbock fungieren, gehört bekanntlich sogar zum Gründungsmythos der Partei.

In ihren Mediennutzungsstilen und medienbezogenen Einstellungen unterscheiden sich EU- Kritiker und der Mainstream nicht. Es findet sich auch kein direkter Zusammenhang zum Nutzungsanteil algorithmisch personalisierter Nachrichtenkanäle; ein direkter Personalisierungs-Polarisierungs-Effekt zeigt sich somit nicht. Das ist durchaus erklärlich: Erstens kursieren in APN zwar viele EU-feindliche Inhalte, es gibt aber auch zahllose positive Aussagen zur EU. Ob eine Person in APN eher mit EU-kritischen oder -befürwortenden Botschaften in Kontakt kommt, hängt weniger von ihrem APN-Nutzungsanteil, sondern in erster Linie von ihrer persönlichen Einstellung ab. Zweitens haben wir ja bereits festgestellt, dass das Thema EU nicht annähernd so stark polarisiert wie das Flüchtlingsthema. Nicht umsonst ist Bernd Lucke, der die AfD in erster Linie als Anti-Euro-Partei gegründet hat, schon lang aus der Partei vertrieben worden. Die EU ist sicherlich immer noch ein relevantes Thema für AfD-Anhänger. Allerdings scheinen spätestens seit 2017 gerade im Netz Flüchtlinge und Muslime, vielleicht auch die ‚bürgerfeindlichen Eliten' (Politiker, Journalisten usw.) als emotionalisierende und mobilisierende Hassobjekte zu dominieren. Wer also intensiv APN nutzt, muss selbst als AfD-Sympathisant in seinen Newsfeeds nicht unbedingt ständig EU-feindliche Nachrichten finden. Das gilt zumindest, solange wir alle Altersgruppen betrachten. Denn unter den Interaktionen zwischen dem APN-Nutzungsanteil und ausgewählten Personeneigenschaften findet sich ein signifikanter Alterseffekt. Abbildung 9 präsentiert den prozentualen Anteil von EU-Kritikern in drei Altersgruppen gekreuzt mit den APN-Nutzungsgruppen, die wir bereits in Kapitel 3.3 kennengelernt haben: Personen, die sich (1) gar nicht über APN informieren, (2) APN-Wenignutzer, deren Nutzungsanteil unter 30 Prozent am gesamten Nachrichtenmenü liegt, sowie (3) APN-Vielnutzer mit mindestens 30 Prozent. In der jungen und mittelalten Gruppe zeigt sich kein Zusammenhang zwischen APN-Nutzungsanteil und EU-Kritik. Bei den Über-50-Jährigen dagegen wächst die Gruppe der EU-Kritiker linear mit zunehmendem APN-Nutzungsanteil. Dieses Muster werden wir noch öfter sehen.

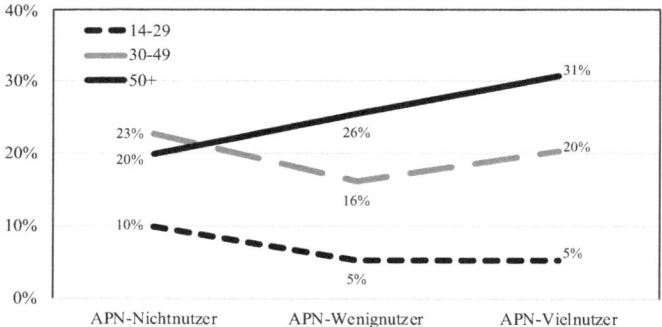

Abb. 9 Anteil EU-Kritiker nach APN-Nutzungsanteil und Altersgruppen[24]
n=1.005

---

24 Diese und alle folgenden Abbildungen zu Interaktionseffekten weisen die Gruppenmittelwerte zum leichteren Verständnis ohne multivariate Kontrolle aus. Deshalb sind Abweichungen von den multivariaten Regressionstabellen möglich, da dort der Einfluss jedes Prädiktors jeweils in Konkurrenz zu allen anderen Prädiktoren bzw. unter Kontrolle von deren Effekten dargestellt wird. Die grundsätzliche Wirkung(srichtung) aller abgebildeten Interaktionseffekte ist jedoch in beiden Darstellungsformen gleich, weshalb solche Abweichungen bei der Interpretation kein Problem darstellen.

Thema Flüchtlinge – Zahl der Aufgenommenen

Nun zum weitaus stärker polarisierten Flüchtlingsthema. Beginnen wir mit der Frage, ob die Befragten die Zahl der aufgenommenen Flüchtlinge als eindeutig zu hoch empfanden (=Flüchtlingskritiker) oder ob sie diese eher zu hoch, gerade richtig oder sogar zu niedrig fanden (=Mainstream). Zunächst ist Tabelle 6 zu entnehmen, dass die untersuchten Personenmerkmale die individuelle Zugehörigkeit zu einer der beiden Gruppen mit 33,4 Prozent Varianzaufklärung sogar noch etwas besser erklären als beim Thema EU.

Die erhobenen Soziodemografika korrelieren kaum; Flüchtlingskritiker weisen lediglich ein etwas niedrigeres Einkommen auf als der Mainstream (nicht signifikant). Dieser Effekt ist überraschend schwach, bedenkt man, dass Niedriggebildete und Einkommensschwache wohl am stärksten von Flüchtlingen als neue Konkurrenten auf dem Arbeitsmarkt betroffen sind. Die persönlichkeitspsychologischen Konstrukte zeigen deutlichere Effekte. Wieder sind Menschen mit einem Bedürfnis nach kognitiver Geschlossenheit häufiger Flüchtlingskritiker. Gleich drei Big-Five-Dimensionen erklären weitere Unterschiede: Flüchtlingskritiker und Mainstream-Zugehörige unterscheiden sich in ihrer Verträglichkeit (Kritiker sind unverträglicher), Gewissenhaftigkeit (Kritiker sind gewissenhafter bzw. penibler) sowie negativen Emotionalität (Kritiker erleben mehr negative Emotionen und sind neurotischer). Bei der politikbezogenen Persönlichkeit finden sich dieselben eindeutigen Zusammenhänge wie beim Thema EU: Je höher die interne und je niedriger die externe Selbstwirksamkeitswahrnehmung einer Person, desto eher gehört sie zur Gruppe der Flüchtlingskritiker.

In Sachen Mediennutzung wird jetzt der vermutete Zusammenhang zwischen einer überdurchschnittlichen Selective-Exposure-Neigung und Flüchtlingskritik sichtbar. Das heißt konkret: Flüchtlingskritiker sagen von sich selbst deutlicher als der Mainstream, dass sie meinungskonsonante Nachrichten und politische Informationen bevorzugen und dissonante Inhalte meiden. Bei der Personalisierungsskepsis findet sich ein Zusammenhang, der zwar schwach und nicht signifikant ist, von der Richtung her aber ins Bild passt. Denn die Flüchtlingskritiker weisen eine geringfügig niedrigere Skepsis gegenüber personalisierten Nachrichten auf als der Rest der Befragten. Wir kommen gleich darauf zurück. In ihrer allgemeinen Mediennutzungsdauer unterscheiden sich die beiden Gruppen schließlich nicht.

Tab. 6 Zahl der aufgenommenen Flüchtlinge – Kritiker versus Mainstream

Prädiktoren	B	Odds Ratio	Wald
Soziodemografie			
Alter	,000	1,000	,002
Geschlecht (0 = männlich, 1 = weiblich)	,203	1,224	,734
Bildung (0 = kein Abitur, 1 = mind. Abitur)	,113	1,120	,210
Haushalts-Nettoeinkommen (0 < 2.000€, 1 >= 2.000€)	-,311	,733	3,288[+]
Wohnortgröße (0 < 100.000, 1 >= 100.000 Einwohner)	,129	1,138	,567
Persönlichkeitspsychologie			
Big Five: Extraversion	,121	1,129	1,647
Big Five: Verträglichkeit	-,354	,702	10,126**
Big Five: Gewissenhaftigkeit	,264	1,302	5,638*
Big Five: Negative Emotionalität	-,206	,814	4,438*
Big Five: Offenheit	-,060	,942	,426
Need for Cognitive Closure	,205	1,227	5,788*
Politikbezogene Persönlichkeit			
Politisches Interesse – Stärke	-,119	,888	,967
Politisches Interesse – Breite	-,122	,885	,818
Duty to keep informed	-,107	,899	1,588
Duty to vote	-,095	,910	1,851
Politische Partizipation (0 = nein, 1 = ja)	-,167	,846	,548
Self-Efficacy intern	,466	1,594	10,870**
Self-Efficacy extern	-,625	,535	37,130***
Politische Orientierung (1 = links bis 9 = rechts)	,210	1,234	7,662**
Mediennutzungsstil & Einstellungen			
Allgemeine Nachrichtennutzungsdauer in Min./Tag	,001	1,001	,829
Selective-Exposure-Neigung	,272	1,313	5,550*
Personalisierungsskepsis	-,196	,822	2,922
APN$_{rel}$ & Interaktionen			
APN$_{rel}$	-1,104	,332	,256
APN$_{rel}$ x Alter	,066	1,068	7,264**
APN$_{rel}$ x Geschlecht	,944	2,571	1,772
APN$_{rel}$ x Bildung	-2,236	,107	9,070**
APN$_{rel}$ x Personalisierungsskepsis	-,273	,761	,593
APN$_{rel}$ x Politische Orientierung	,439	1,552	3,545[+]
Gesamtmodell		Nagelkerkes R²=0,334 (chi²=243,404***)	

Binär-logistische Regression; n=851; Anteil vorhergesagte Fälle: 74,3%; ***p<0,001; **p<0,01; *p<0,05; [+]p<0,10

5.4 Ergebnisse

Auch beim APN-Nutzungsanteil lässt sich zunächst kein Haupteffekt nachweisen. Damit ist auch für die Zahl der aufgenommenen Flüchtlinge die Annahme eines direkten Personalisierungs-Polarisierungs-Effekts abzulehnen, demzufolge mit steigendem APN-Nutzungsanteil die Neigung zu Systemkritik wächst. Im Gegenteil, die Korrelation ist wie beim Thema EU sogar leicht negativ. Betrachtet man allerdings den APN-Nutzungsanteil im Zusammenspiel mit anderen Personenmerkmalen, zeigen sich beim Alter und bei der formalen Bildung sehr deutliche Interaktionseffekte, die wir uns genauer anschauen. Hierzu teilen wir zunächst die Befragten in Junge (14-29 Jahre), Mittelalte (30-49) und Ältere (50+) auf und betrachten den jeweiligen Anteil der Flüchtlingskritiker in den drei APN-Nutzungsgruppen (Abbildung 10).

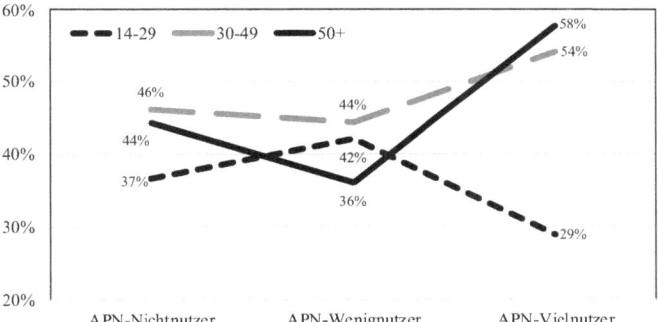

Abb. 10 Zahl der aufgenommenen Flüchtlinge – Anteil Kritiker nach APN-Nutzungsanteil und Altersgruppen

n=995

Der angenommene positive Zusammenhang zwischen einem hohen APN-Nutzungsanteil (APN-Vielnutzer) und Meinungsextremität existiert beim Thema Flüchtlingskritik tatsächlich, allerdings nur bei den Mittelalten und den Älteren. In beiden Altersgruppen befinden sich unter denjenigen, die sich überdurchschnittlich stark mittels APN informieren, auffallend mehr Flüchtlingskritiker als bei den APN-Nicht- und Wenignutzern. Das wird besonders in der Gruppe 50+ deutlich: Während 58 Prozent der älteren APN-Vielnutzer Flüchtlingskritiker sind, liegt der Anteil der Flüchtlingskritiker in dieser Alterskohorte unter APN-Wenignutzern mit 36 Prozent und APN-Nichtnutzern mit 44 Prozent eindeutig niedriger. Das Phänomen einer verstärkten Meinungsextremität scheint also ausschließlich bei den älteren Onlinern mit einer ausgeprägten Neigung zu algorithmisch personalisierten Nachrichtenkanälen aufzutreten. Das bildet einen bemerkenswerten Kontrast zu den Jüngeren, wo genau der gegenteilige Interaktionseffekt zu verzeichnen ist. Hier sinkt der – ohnehin geringere – Anteil der Flüchtlingskritiker bei den Befragten mit überdurchschnittlichem APN-Nutzungsanteil sogar deutlich. Intensive Kontakte mit algorithmisch personalisierten Nachrichten hängen in der Gruppe unter 30 Jahren somit mit einem besonders hohen Anteil gemäßigter Meinungen zusammen. Das verweist darauf, dass diese Altersgruppe in APN im Durchschnitt andere, weltoffenere Inhalte rezipiert als die Älteren. Auf jeden Fall ist festzuhalten, dass sich der Anteil der Flüchtlingskritiker in den drei Altersgruppen bei begrenztem APN-Nutzungsanteil nicht sehr stark unterscheidet. Erst bei starker Präferenz algorithmischer Kanäle dominieren weltoffene bzw. humanitäre Stimmen bei den Jüngeren und flüchtlingskritische Einstellungen bei den etwas Älteren. Hier zeigt sich in aller Deutlichkeit, dass APN tatsächlich zur Spaltung der Gesellschaft beitragen oder zumindest ein guter Indikator für eine solche Spaltung sind.

Die zweite Interaktion tritt bei unterschiedlichen Bildungsgruppen auf (Abbildung 11). Zunächst einmal befinden sich unter den Befragten ohne Abitur durchgehend mehr Flüchtlingskritiker; wieder unterschieden sich APN-Nicht- und -Wenignutzer kaum. Bei den Vielnutzern, also ab einem APN-Nutzungsanteil von 30 Prozent, laufen die Bildungsgruppen noch mehr auseinander: Während unter den höhergebildeten APN-Vielnutzern nur 25 Prozent Flüchtlingskritiker sind, liegt deren Anteil bei den Niedriggebildeten mit 59 Prozent mehr als doppelt so hoch. Die Erklärung scheint dieselbe zu sein wie bei den Altersgruppen: Die ohnehin starke Unzufriedenheit vieler Niedriggebildeter mit der Zahl der aufgenommenen Flüchtlinge führt besonders unter den Filterblasen-Bedingungen algorithmisch personalisierter Nachrichtenkanäle zu einer gegenüber anderen Kanälen erhöhten Kontakthäufigkeit mit flüchtlingskritischen Inhalten und Meinungen; das wiederum verstärkt entsprechende Einstellungen. Bei den Höhergebildeten geschieht dasselbe unter umgekehrten Vorzeichen: Hier dominieren gemäßigt negative und positive Einstellungen gegenüber Flüchtlingen, die sich unter APN-Vielnutzern weiter verstärken, so dass die Mainstream-Fraktion hier noch größer wird.

5.4 Ergebnisse

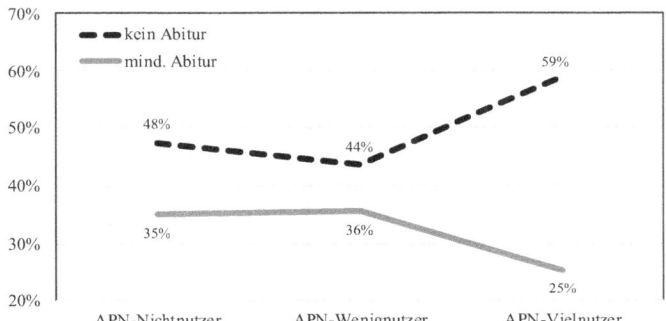

Abb. 11 Zahl der aufgenommenen Flüchtlinge – Anteil Kritiker nach APN-Nutzungsanteil und Bildungsgruppen

n=995

Ein schwacher Verstärkungseffekt findet sich auch bei der politischen Orientierung, den wir uns kurz anschauen wollen, obwohl er die Signifikanzschwelle von fünf Prozent knapp verfehlt hat (Tabelle 6 oben): Wie bereits gezeigt, sind die (eher) Rechten unter den Befragten weit überwiegend Flüchtlingskritiker, während die Personen in der politischen Mitte und die (eher) Linken in der Flüchtlingsfrage überwiegend zum Mainstream gehören. Entsprechend erhöht sich der Anteil der Flüchtlingskritiker bei den rechten APN-Vielnutzern gegenüber Nicht- und Wenignutzern (71 bzw. 69 Prozent) auf 76 Prozent (Abbildung 12). Dennoch scheinen die in APN kursierenden Inhalte eher das rechte Lager zu begünstigen, denn bei den APN-Vielnutzern in der politischen Mitte und auf der linken Seite zeigt sich die anzunehmende Meinungsverstärkung in Richtung Mainstream nicht. Das mag auch ein Hinweis darauf sein, dass Filterblasen-Effekte und meinungskonsonante Nachrichtenkontakte im rechten Lager ausgeprägter sind als im linken. Um es noch einmal zu betonen: Uns fehlen die Daten, um das empirisch zu bestätigen. Dennoch passen Befund und Interpretation zur Vermutung, dass gerade auf Facebook die Flüchtlingsgegner dominieren und gemäßigte Stimmen tendenziell verstummen, so wie es die Theorie der Schweigespirale nahelegt.

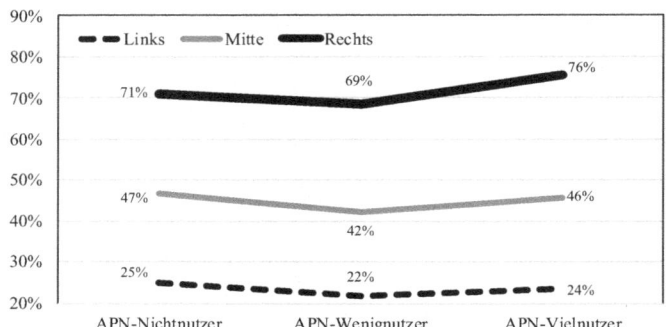

Abb. 12 Zahl der aufgenommenen Flüchtlinge – Anteil Kritiker nach APN-Nutzungsanteil und politischer Orientierung in drei Gruppen

n=994

Thema Flüchtlinge – Zufriedenheit mit der Flüchtlingspolitik

Das dritte Meinungs-Item bezog sich auf die Zufriedenheit bzw. Unzufriedenheit der Befragten mit der Flüchtlingspolitik von Bundeskanzlerin Merkel. Auch hier unterscheiden wir zwischen Flüchtlingskritikern als denjenigen, die sich eindeutig unzufrieden äußerten (Skalenpunkt 5), und dem zufriedenen bis gemäßigt unzufriedenen Mainstream (Skalenpunkte 1 bis 4). Tabelle 7 stellt wieder die Haupt- und Interaktionseffekte zwischen den untersuchten Personenmerkmalen und der Zugehörigkeit zu einer der zwei Gruppen dar. Die gefundenen Effekte sind mit 28,7 Prozent Varianzaufklärung wiederum stärker als beim schwach polarisierenden Thema EU, aber etwas schwächer als beim Statement zur Zahl der aufgenommenen Flüchtlinge. Trotz punktueller Unterschiede bleibt das bisherige Bild im Wesentlichen stabil: Die soziodemografischen Unterschiede sind minimal. In den persönlichkeitspsychologischen Big Five zeichnen sich die Flüchtlingskritiker als unverträglicher, gewissenhafter und etwas weniger offen aus. Die interne und externe Selbstwirksamkeitswahrnehmung sowie die politische Orientierung wirken als politikbezogenen Charakteristika wie beim anderen Flüchtlings-Item. Zudem zeigt sich noch ein tendenzieller Zusammenhang mit der politischen Partizipation, denn Flüchtlingskritiker gaben etwas häufiger an, politisch aktiv zu sein.

Tab. 7 Zufriedenheit mit Merkels Flüchtlingspolitik – Kritiker versus Mainstream

Prädiktoren	B	Odds Ratio	Wald
Soziodemografie			
Alter	,007	1,007	,742
Geschlecht (0 = männlich, 1 = weiblich)	-,060	,942	,054
Bildung (0 = kein Abitur, 1 = mind. Abitur)	,267	1,306	,954
Haushalts-Nettoeinkommen (0 < 2.000€, 1 >= 2.000€)	-,157	,855	,701
Wohnortgröße (0 < 100.000, 1 >= 100.000 Einwohner)	,328	1,388	3,254[+]
Persönlichkeitspsychologie			
Big Five: Extraversion	-,055	,947	,288
Big Five: Verträglichkeit	-,272	,762	5,198*
Big Five: Gewissenhaftigkeit	,239	1,270	3,965*
Big Five: Negative Emotionalität	,090	1,094	,742
Big Five: Offenheit	-,176	,839	3,229[+]
Need for Cognitive Closure	,055	1,057	,373
Politikbezogene Persönlichkeit			
Politisches Interesse – Stärke	-,185	,831	1,880
Politisches Interesse – Breite	,039	1,040	,073
Duty to keep informed	-,085	,919	,890
Duty to vote	-,112	,894	2,349
Politische Partizipation (0 = nein, 1 = ja)	,441	1,554	3,372[+]
Self-Efficacy intern	,718	2,050	22,160***
Self-Efficacy extern	-,850	,427	57,561***
Politische Orientierung (1 = links bis 9 = rechts)	,171	1,187	4,690*
Mediennutzungsstil & Einstellungen			
Allgemeine Nachrichtennutzungsdauer in Min./Tag	,000	1,000	,114
Selective-Exposure-Neigung	,253	1,288	4,216*
Personalisierungsskepsis	-,284	,753	5,116*
APN$_{rel}$ & Interaktionen			
APN$_{rel}$	1,102	3,009	,244
APN$_{rel}$ x Alter	,028	1,029	1,393
APN$_{rel}$ x Geschlecht	-,056	,945	,007
APN$_{rel}$ x Bildung	-2,005	,135	6,517**
APN$_{rel}$ x Personalisierungsskepsis	-,161	,851	,194
APN$_{rel}$ x Politische Orientierung	-,071	,932	,103
Gesamtmodell		Nagelkerkes R^2=0,287 (chi²=190,040***)	

Binär-logistische Regression; n=851; Anteil vorhergesagte Fälle: 78,0%; ***p<0,001; **p<0,01; *p<0,05; [+]p<0,10

Bei den Personenmerkmalen mit Medienbezug findet sich wieder ein positiver Zusammenhang zwischen dem Vertreten der Extremmeinung und einer Neigung zu Selective Exposure sowie eine – dieses Mal signifikante – negative Korrelation mit der Personalisierungsskepsis. Zum APN-Nutzungsanteil: Hier ist der Haupteffekt wie gehabt schwach, jetzt immerhin positiv. Je höher der APN-Nutzungsanteil, desto eher sind Bürger unzufrieden mit Merkels Flüchtlingspolitik. Mit Blick auf die Interaktionen erweist sich wieder der Bildungsgrad als signifikanter Prädiktor. Wie beim ersten Flüchtlings-Item geht bei Höhergebildeten ein steigender APN-Nutzungsanteil mit größerer Zufriedenheit mit der Flüchtlingspolitik der Kanzlerin einher und bei Niedriggebildeten mit größerer Unzufriedenheit (Abbildung 13). Wie beim vorigen Meinungs-Item besteht der größte Unterschied zwischen APN-Wenig- und Vielnutzern; das gilt zumindest für die Niedriggebildeten. Warum das bei den Höhergebildeten anders ist – hier unterscheiden sich vor allen APN-Nichtnutzer und Wenignutzer –, muss offen bleiben.

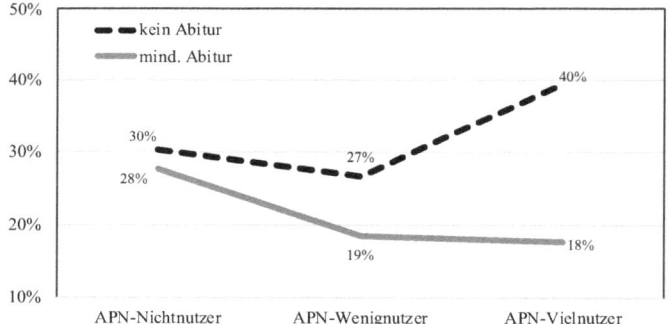

Abb. 13 Zufriedenheit mit Merkels Flüchtlingspolitik – Anteil Kritiker nach APN-Nutzungsanteil und Bildungsgruppen

n=995

Thema Flüchtlinge – eindeutige Flüchtlingskritiker versus Mainstream

Wie bereits angesprochen, lassen sich die (Extrem-)Antworten auf die beiden Flüchtlings-Statements, dass (a) Deutschland zu viele Flüchtlinge aufgenommen hat und dass man (b) unzufrieden mit Merkels Flüchtlingspolitik ist, nicht als Extremmeinungen im politischen Sinn interpretieren. Dennoch haben die analysierten Antwortverteilungen und die bisherigen Befunde belegt, dass die vorgenommene Kontrastierung zwischen Flüchtlingskritikern und Mainstream sinnvolle Ergebnisse liefert. Wir gehen jetzt einen Schritt weiter und fassen die beiden Statements zu einer Indexvariablen zusammen, mit der sich eindeutige Flüchtlingsgegner besser identifizieren lassen: Ein Befragter, der die Zahl der aufgenommenen Flüchtlinge als zu hoch wahrnahm *und* die Arbeit von Merkel schlecht bewertete (beide Male Skalenpunkt 5), wurde als eindeutiger Flüchtlingsgegner codiert, alle anderen gelten als Mainstream (Cronbach's alpha=0,71). Bei dieser Berechnung gehörten 76 Prozent der Befragten dem Mainstream an; eindeutige Flüchtlingsgegner im nun engeren Sinn waren 24 Prozent, womit wir uns der landläufigen Vorstellung einer echten *Minderheit* nähern.

Tabelle 8 gibt die binär-logistische Regression für diese beiden Gruppen wieder. Bei geringfügigen Abweichungen zeigen sich dieselben Ergebnisstrukturen wie oben: Eindeutige Flüchtlingskritiker sind soziodemografisch ziemlich unauffällig. Sie neigen zu einer unverträglichen Persönlichkeit, unterscheiden sich in ihrem politischen Interesse oder verschiedenen Formen politischer Beteiligung nicht vom Mainstream. Sie sind politisch eher rechts und glauben, dass sie persönlich kompetent in politischen Fragen sind (interne Self-Efficacy), während sich die Politiker kaum für die Probleme des Landes interessieren (externe Self-Efficacy). Dabei haben sie eine ausgeprägte Neigung, einstellungskonsonante Nachrichten und Informationen zu bevorzugen, und schätzen die Möglichkeiten der Personalisierung algorithmischer Online-Angebote positiver ein als der Mainstream (niedrigere Personalisierungsskepsis). Dass sie einen etwas höheren, wenn auch nicht-signifikanten APN-Nutzungsanteil aufweisen, passt ins Bild. Was sich auch hier in aller Deutlichkeit zeigt, ist der Interaktionseffekt zwischen APN-Nutzungsanteil und formaler Bildung (Abbildung 13): Während unter den Höhergebildeten der ohnehin geringere Anteil eindeutiger Flüchtlingsgegner mit steigendem APN-Nutzungsanteil weiter sinkt, verhalten sich die Befragten ohne Abitur genau umgekehrt: Zwar geht eine moderate APN-Nutzung im Vergleich zu APN-Nichtnutzern mit einem gemäßigten Stimmungsbild einher (nur 22 Prozent eindeutige Flüchtlingskritiker). Allerdings verdoppelt sich dieser Wert bei den Vielnutzern nahezu (37 Prozent).

Tab. 8 Eindeutige Flüchtlingskritiker versus Mainstream (Index)

Prädiktoren	B	Odds Ratio	Wald
Soziodemografie			
Alter	,004	1,004	,236
Geschlecht (0 = männlich, 1 = weiblich)	,138	1,149	,268
Bildung (0 = kein Abitur, 1 = mind. Abitur)	,012	1,012	,002
Haushalts-Nettoeinkommen (0 < 2.000€, 1 >= 2.000€)	-,258	,773	1,734
Wohnortgröße (0 < 100.000, 1 >= 100.000 Einwohner)	,238	1,268	1,550
Persönlichkeitspsychologie			
Big Five: Extraversion	-,041	,960	,147
Big Five: Verträglichkeit	-,356	,700	8,152**
Big Five: Gewissenhaftigkeit	,169	1,184	1,820
Big Five: Negative Emotionalität	,066	1,068	,364
Big Five: Offenheit	-,098	,907	,914
Need for Cognitive Closure	,127	1,135	1,797
Politikbezogene Persönlichkeit			
Politisches Interesse – Stärke	-,160	,852	1,290
Politisches Interesse – Breite	-,054	,947	,126
Duty to keep informed	-,066	,936	,508
Duty to vote	-,019	,981	,064
Politische Partizipation (0 = nein, 1 = ja)	,210	1,233	,659
Self-Efficacy intern	,614	1,847	15,339***
Self-Efficacy extern	-,824	,439	49,193***
Politische Orientierung (1 = links bis 9 = rechts)	,205	1,227	6,051*
Mediennutzungsstil & Einstellungen			
Allgemeine Nachrichtennutzungsdauer in Min./Tag	,000	1,000	,020
Selective-Exposure-Neigung	,311	1,364	5,795*
Personalisierungsskepsis	-,272	,762	4,329*
APN$_{rel}$ & Interaktionen			
APN$_{rel}$	,717	2,048	,094
APN$_{rel}$ x Alter	,026	1,026	1,082
APN$_{rel}$ x Geschlecht	-,273	,761	,145
APN$_{rel}$ x Bildung	-1,752	,173	4,365*
APN$_{rel}$ x Personalisierungsskepsis	-,372	,690	,916
APN$_{rel}$ x Politische Orientierung	,031	1,032	,019
Gesamtmodell	Nagelkerkes r^2=0,288 (chi^2=183,080***)		

Binär-logistische Regression; n=851; Anteil vorhergesagte Fälle: 79,6%; ***p<0,001; **p<0,01; *p<0,05

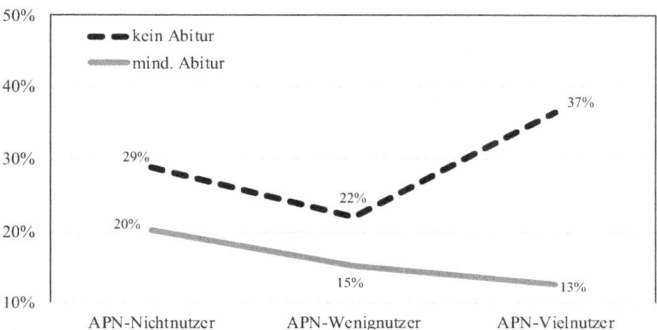

Abb. 14 Anteil Flüchtlingskritiker (Index) – Anteil Kritiker nach APN-Nutzungsanteil und Bildungsgruppen

n=995

5.5 Zwischenfazit

Aufgrund der theoretischen Überlegungen und der Antwortverteilung bei zwei Meinungs-Statements konnten wir zum Thema Flüchtlinge unter ca. 1.000 deutschen Befragten im Sommer 2017 eine asymmetrische Polarisierung feststellen (Kapitel 5.3, Abbildung 8). Dabei stehen sich zwei Lager gegenüber: ein Lager – es umfasst etwa ein Drittel der Befragten – ist der Meinung, dass Deutschland auf jeden Fall zu viele Flüchtlinge aufgenommen hat; viele sehen eine wesentliche Schuld bei Kanzlerin Merkel, der sie entsprechend schlechte Arbeit attestieren. Diesen ‚Flüchtlingskritikern' steht ein größeres und heterogenes Lager gegenüber, das wir als ‚Mainstream' bezeichnen. Diese Gruppe sieht die Flüchtlingspolitik der Bundesregierung ebenfalls überwiegend kritisch, legt dabei aber eine gemäßigte Sicht der Dinge an den Tag. Diese beiden Gruppen repräsentieren die Meinungsverteilung der Deutschen zur Flüchtlingsthematik empirisch weitaus besser, als es die Annahme klassischer Polarisierungsstudien mit zwei Extremgruppen und einer gemäßigten Mitte dazwischen tut. Klassische Studien konzipieren Polarisierung über den Anteil von Extremmeinungen auf beiden Seiten des politischen Spektrums; das ist ein Vorgehen, das perfekt zur Situation in den USA passt, aber eben nicht zu der rechtsschiefen, bimodalen Meinungsverteilung in Deutschland.

Als Vergleichsthema sollten die Teilnehmer ihre Meinung zu der Frage äußern, ob die EU-Staaten künftig noch mehr Macht an Brüssel abgeben oder sich wieder mehr Macht zurückholen sollten. Bei dieser Frage zeichnete sich eine eingipflige, leicht rechtsschiefe Verteilung ab; von Polarisierung kann hier nicht die Rede sein. Das ermöglicht uns einen guten Vergleich zwischen zwei Themen, von denen eines polarisiert und das andere nicht. Zur weiteren Analyse teilten wir die Befragten für alle drei Meinungs-Statements in zwei Gruppen: eindeutige Kritiker (gegenüber der EU und der deutschen Flüchtlingspolitik, jeweils Skalenpunkt 5) und gemäßigter Mainstream. Zusätzlich wurde aus beiden Items zur Flüchtlingspolitik eine Index-Variable zur eindeutigen Identifikation von Flüchtlingskritikern berechnet. Die eindeutigen Flüchtlingskritiker machten 24 Prozent der Befragten aus; die verbleibenden 76 Prozent galten wieder als Mainstream.

Multivariate Vergleiche beider Gruppen und der damit zusammenhängenden Personenmerkmale erlauben uns eine relativ eindeutige Beantwortung aller Hypothesen und Forschungsfragen (zusammenfassend Tabelle 9). Hypothese 3.1 zu einem allgemeinen Personalisierungs-Polarisierungs-Effekt, die eine unmittelbare Korrelation zwischen dem APN-Nutzungsanteil und polarisierten Meinungen angenommen hatte, ist abzulehnen. Es gibt bei beiden Themen keinen direkten Haupteffekt. Beim Flüchtlingsthema erklärt der APN-Nutzungsanteil für sich genommen und unter Kontrolle aller anderen Einflussfaktoren gar nichts; beim Thema EU geht er sogar eher mit einer leichten Annäherung der Meinungslager einher (n.s.).

Das bedeutet aber keine Entwarnung. Denn wir finden eindeutige Zusammenhänge zwischen der individuellen Neigung zur Nutzung algorithmisch personalisierter Nachrichtenkanäle und extremeren Meinungen, sobald wir Interaktionen mit dem Alter und der formalen Bildung in den Blick nehmen (Hypothese 3.2): Beim wenig polarisierenden Thema EU lässt ein höherer APN-Nutzungsanteil den Anteil der EU-Kritiker ansteigen, und zwar ausschließlich in der *Altersgruppe 50+*. Die Unter-30-Jährigen mit hohem APN-Nutzungsanteil hingegen sind sogar noch etwas EU-freundlicher als der Rest ihrer Generation ohnehin schon. Beim Flüchtlingsthema finden wir einen ähnlichen Alterseffekt, zumindest bei der Bewertung der Zahl der aufgenommenen Flüchtlinge: Während ein steigender APN-Nutzungsanteil den Anteil der Kritiker *unter den Jüngeren* (unter 30 Jahre) leicht senkt, erhöht er den Kritikeranteil bei den *Mittelalten* (30-49 Jahre) und Älteren (50+) deutlich.

Vor allem aber zeigt sich beim Flüchtlingsthema ein eindeutiger und stabiler Effekt der formalen Bildung: Während bei den *höher gebildeten Befragten* der Anteil der Flüchtlingskritiker mit dem APN-Nutzungsanteil deutlich sinkt, verhält es sich bei den *Niedriggebildeten* umgekehrt: Hier nimmt mit steigender Präferenz für algorithmisch personalisierte Nachrichtenkanäle der ohnehin hohe Anteil der Flüchtlingskritiker weiter zu. Das erklärt, warum es – zumindest bei unseren Themen und Fragen – keinen direkten Personalisierungs-Polarisierungs-Effekt geben kann: APN-Nutzungsanteil und Polarisierung korrelieren tatsächlich stark,

5.5 Zwischenfazit

Tab. 9 Kritiker versus Mainstream – signifikante Prädiktoren im Überblick

Thema	EU	Flüchtlinge		
Auswertung	EU – mehr Macht oder Rückbau?	Zahl der aufgenommenen Flüchtlinge	Zufriedenheit mit Flüchtlingspolitik	Index: eindeutige Flüchtlingskritiker
Soziodemografie[1]	• Bildung (-)	• ---	• ---	• ---
Persönlichkeitspsychologie[1]	• Need for Cognitive Closure (+)	• Big Five: Verträglichkeit (-), Gewissenhaftigkeit (+) & negative Emotionalität (+) • Need for Cognitive Closure (+)	• Big Five: Verträglichkeit (-) & Gewissenhaftigkeit (+)	• Big Five: Verträglichkeit (-)
Politikbezogene Persönlichkeit[1]	• Self-Efficacy intern (+) & extern (-) • Politische Orientierung (rechts)	• Self-Efficacy intern (+) & extern (-) • Politische Orientierung (rechts)	• Self-Efficacy intern (+) & extern (-) • Politische Orientierung (rechts)	• Self-Efficacy intern (+) & extern (-) • Politische Orientierung (rechts)
Mediennutzungsstil & Einstellungen[1]	• ---	• Selective-Exposure-Neigung (+)	• Selective-Exposure-Neigung (+) • Personalisierungsskepsis (-)	• Selective-Exposure-Neigung (+) • Personalisierungsskepsis (-)
APN-Nutzungsanteil (APN$_{rel}$)	• ---	• ---	• ---	• ---
Interaktionen[2]	• APN$_{rel}$ x Alter: Ältere (+); Jüngere (-)	• APN$_{rel}$ x Alter: Ältere & Mittelalte (+), Jüngere (-) • APN$_{rel}$ x Bildung: mind. Abitur (-), kein Abitur (+)	• APN$_{rel}$ x Bildung: mind. Abitur (-), kein Abitur (+)	• APN$_{rel}$ x Bildung: mind. Abitur (-), kein Abitur (+)

Erklärungen: [1] (+): positive Korrelation mit Anzahl der Kritiker; (-): negative Korrelation mit Anzahl der Kritiker. [2] (+): steigender APN-Nutzungsanteil erhöht in der Gruppe die Anzahl der Kritiker und damit die Polarisierung; (-): steigender APN-Nutzungsanteil verringert in der Gruppe die Anzahl der Kritiker.

sie tun das aber bei Älteren und Jüngeren bzw. bei Niedriger- und Höhergebildeten diametral entgegengesetzt. Das verwischt Unterschiede über alle Befragten hinweg (ökologischer Fehlschluss), obwohl es tatsächlich eindeutige Zusammenhänge gibt. Die anderen in Hypothese 3.2 angesprochenen Moderationsvariablen (Geschlecht, Personalisierungsskepsis und politische Orientierung) spielen keine nennenswerte Rolle. Diese Interaktionseffekte sind über beide Themen bzw. über alle vier Auswertungen weitgehend stabil, allerdings treten sie beim polarisierenden Flüchtlingsthema noch deutlicher zutage (Forschungsfrage 3.1). Das kann man als Hinweis interpretieren, dass die betrachteten Zusammenhänge zwischen APN-Nutzung und der Entwicklung extremer Meinungen bevorzugt bei Themen auftreten, die ohnehin polarisieren, bzw. in Teilen der Bevölkerung, die bereits extremere Meinungen vertreten.

Die Befunde bestätigen zudem, dass unsere Auswertungsstrategie, die rechten Kritiker (Skalenpunkt 5) dem restlichen Mainstream (jeweils Skalenpunkte 1–4) gegenüberzustellen, funktioniert und zu validen Ergebnissen führt. Darüber hinaus liefert die Analyse weitere stabile Korrelate zur Polarisierung, allen voran die Selbstwirksamkeitswahrnehmung von Bürgern (Political Self-Efficacy): Extreme Meinungen werden vor allem von Personen vertreten, die meinen, Parteien oder Politiker würden sich nicht ausreichend um die relevanten Themen kümmern (externe Selbstwirksamkeit), die gleichzeitig aber das Gefühl haben, sie selbst sind politisch kompetent und könnten an diesen Verhältnissen etwas ändern (interne Selbstwirksamkeit). Je stärker diese beiden Wahrnehmungen sind, desto intensiver nutzen Bürger algorithmisch personalisierte Nachrichtenkanäle. Tatsächlich bieten alternative Nachrichtenquellen und personalisierte Kanäle aus Bürgersicht nicht nur perfekte Möglichkeiten, sich vollständig zu informieren, sondern auch andere und das öffentliche Meinungsbild durch öffentliche Bürgerkommunikation zu beeinflussen und Protest bzw. Widerstand unter Gleichgesinnten zu organisieren. Insofern erhöht das Internet die interne Selbstwirksamkeit von Bürgern tatsächlich. Dass diese Möglichkeiten überwiegend von Unzufriedenen bzw. Menschen mit ausgeprägten bis extremen Meinungen und Forderungen in Anspruch genommen werden, ist plausibel. Offensichtlich sind Unzufriedenheit und extreme Meinungen derzeit generell eher auf der rechten Seite des politischen Spektrums angesiedelt. Denn tatsächlich lag der APN-Nutzungsanteil bei allen Themen unter Menschen mit (eher) rechter politischer Gesinnung höher als bei anderen Befragten. Das passt zur allgemeinen Beobachtung, dass v. a. auf Facebook rechte Meinungen stärker vertreten sind als gemäßigte oder linke.

EU- und Flüchtlingskritiker ließen sich auch persönlichkeitspsychologisch plausibel beschreiben: Hier korrelieren von den Big Five v. a. Unverträglichkeit und negative Emotionalität sowie – etwas schwächer – Gewissenhaftigkeit und man-

5.5 Zwischenfazit

gelnde Offenheit für Neues. Auch das Bedürfnis nach kognitiver Geschlossenheit hängt mit dem Wunsch nach einer schwächeren EU und weniger Flüchtlingen zusammen. Zu guter Letzt zeigt sich bei den Flüchtlings-Statements, dass Kritiker meinungskonsonante Angebote und Inhalte stärker bevorzugen (Selective-Exposure-Neigung) und den Möglichkeiten der algorithmischen Personalisierung aufgeschlossener gegenüberstehen als der Mainstream (Personalisierungsskepsis).

Schluss 6

6.1 Ausgangspunkte der Studie

Algorithmisch personalisierte Nachrichtenkanäle (APN) haben die Nachrichtennutzung, Informiertheit und Meinungsbildung vieler Bürger in den letzten Jahren erheblich verändert. Zunächst verlief diese Entwicklung von der Öffentlichkeit nahezu unbemerkt. Zwar zeigten Studien bereits vor einigen Jahren, dass sich besonders junge Menschen verstärkt über das (mobile) Internet informierten und dabei seltener direkt auf klassische Nachrichten-Portale zugriffen, sondern sich den Selektions-Filtern von RSS-Newsfeeds, Nachrichten-Aggregatoren und sonstigen Intermediären, allen voran Facebook, anvertrauten. Dass deren Nachrichtenauswahl teilweise stark personalisiert ist, wurde anfangs als sinnvolle und hilfreiche technische Funktionalität betrachtet, die Nutzern den Überblick im Informationsdschungel erleichtert, maßgeschneiderte Inhalte liefert und eine leistungsfähige, virale Verbreitung von Inhalten erlaubt. Auch Werbetreibende lernten die passgenaue Auslieferung von Werbebotschaften über algorithmisch personalisierte Kanäle (Targeting) schnell schätzen.

Erst als erste Krisensymptome einer sich verändernden Öffentlichkeit auftauchten, wurde die Rolle von Social Media und Intermediären thematisiert. Immer nachdrücklicher wurden Fragen gestellt wie: Wie kann es sein, dass sich Lügen, Verschwörungstheorien und Hassbotschaften so schnell im Netz verbreiten und so viele Menschen erreichen? Wieso glauben viele Menschen auch noch die absurdesten Lügen? Wieso erstarken in Filterblasen extreme Meinungen und warum werden sie in den Echokammern des Netzes immer lauter und dominanter? Besteht gar ein Zusammenhang mit der Polarisierung politischer Einstellungen und Meinungen, wie man sie in den USA seit Längerem kennt und in den letzten Jahren auch in europäischen Ländern beobachtet? In Deutschland wurden diese Fragen vor allem im Zusammenhang mit der Flüchtlingsdebatte und dem Erstarken rassistischer und völkischer Kräfte gestellt, deren populistische Botschaften im Netz ein perfektes

Biotop und einen idealen Resonanzraum gefunden zu haben scheinen. Natürlich erklärt sich die aktuelle Krise vieler Demokratien nicht ausschließlich durch veränderte Kommunikation im Netz. Dennoch haben Kommunikationswissenschaftler wie Pörksen (2018), Ruß-Mohl (2017) und Schweiger (2017) mittels theoretischer und praktischer Analysen zeigen können, dass ein Zusammenhang durchaus plausibel ist. Die dabei vorgetragenen Theorien, Befunde und Argumente basieren im Wesentlichen auf folgenden Beobachtungen:

Die aktuelle *Schwächung des Journalismus* durch abnehmende Erlöse und zunehmenden ökonomischen Druck führt zu einer verstärkten Abhängigkeit von Publikumsreichweiten und Boulevardisierung. Deshalb orientiert sich die journalistische Auswahl und Darstellung von Ereignissen und Themen weniger an gesellschaftlicher bzw. demokratischer Relevanz und mehr an Publikumsinteressen. Dieser Prozess läuft bereits seit Jahrzehnten; er begann lange, bevor Online-Nachrichtenkanäle relevant wurden. Entsprechende Phänomene im Internet führen eine lange Entwicklung verstärkt fort, sind aber nichts substanziell Neues. Sie bilden jedoch den Kontext für den aktuellen netzspezifischen Kommunikationswandel, den wir in Kapitel 2.2 auf zwei grundlegende Phänomene verdichtet haben: Konkurrenz- und Personalisierungseffekte.

Konkurrenzeffekte basieren auf der Popularität von Intermediären und der Separierung von Nachrichtenquellen und -kanälen im Netz: Noch vor zehn Jahren haben sich Onliner meist direkt auf Nachrichten-Portalen informiert, d. h. eine journalistische Nachrichtenquelle bzw. -marke und ihre Website als technischer Kanal gehörten unmittelbar zusammen. Wo Spiegel Online draufstand, war Spiegel Online drin. Deshalb waren journalistische Nachrichtenquellen für Nutzer leicht zu identifizieren und von anderen Quellen zu unterscheiden. Wer heute über Intermediäre wie Facebook, Twitter, YouTube, Google News oder upday indirekt auf Inhalte zugreift, erlebt dort eine kaum zu überblickende Konkurrenz zwischen journalistischen, alternativen und sonstigen Quellen sowie öffentlicher Bürgerkommunikation. Welche Absichten diese Quellen verfolgen und wie es um Wahrheitsgehalt und Qualität ihrer Aussagen steht, ist für die überforderten Nutzer oft unmöglich zu beurteilen. Nun rezipieren und teilen Menschen bevorzugt überraschende, einfache oder emotionalisierende Botschaften; im Zweifelsfall glauben sie eher Aussagen und Meinungen, die ihren persönlichen Einstellungen entsprechen. Deshalb haben populistische Botschaften unter den beschriebenen *Konkurrenzbedingungen* gute Wirkungschancen. Das gilt besonders für Bürger, die diesen Botschaften ohnehin zugeneigt sind, so dass es zur Verstärkung und Polarisierung von Meinungen kommen kann.

Personalisierungseffekte gründen auf der wachsenden Beliebtheit von Nachrichtenkanälen, die ihre Inhalte individuell an die Vorlieben, Interessen und politischen

Einstellungen ihrer Nutzer anpassen. Personalisierung muss nicht unbedingt algorithmisch erfolgen; Messenger wie WhatsApp oder Skype vernetzen Nutzer und Quellen lediglich nach manuellen Nutzereinstellungen. Sobald aber die Menge der ausgewählten Quellen und ihrer Nachrichten zunimmt, so dass Nutzer nicht mehr alle lesen können oder wollen, filtern Algorithmen die Informationsflut. Diese Entwicklung konnte man gut bei Twitter beobachten. In den ersten Jahren zeigte die Plattform noch die Tweets aller Twitterer an, denen ein Nutzer folgte; später wurden algorithmische Filter etabliert. Nun herrscht im Netz nahezu immer Informationsüberlastung, weshalb dort personalisierte Nachrichtenkanäle fast immer algorithmisch arbeiten. Diese algorithmisch personalisierten Nachrichtenkanäle (APN) sind häufig Intermediäre, die die Inhalte fremder Quellen zusammentragen und in personalisierter Auswahl präsentieren. Auch journalistische Nachrichtenquellen versuchen zunehmend, Nutzer durch eigene Angebote und Apps mit ebenfalls algorithmischer Personalisierung zu binden. Anders als Konkurrenzeffekte basieren Personalisierungseffekte *nicht* auf Intermediären, sondern lediglich auf dem Vorhandensein algorithmischer Personalisierung, egal ob diese von Intermediären oder den Quellen selbst angeboten wird.

6.2 Zentrale Befunde

Wie unser Überblick in Kapitel 2.2 herausgearbeitet hat, bedrohen Personalisierungseffekte im Internet die Informiertheit und Meinungsbildung der Bürger in der Demokratie potenziell stärker als Konkurrenzeffekte. Mündige Bürger, so die demokratietheoretische Grundanforderung, müssen umfassend, vielfältig und ausgewogen informiert sein. Das können nur Nachrichtenangebote erfüllen, die versuchen, ihren Nutzern *alle* gesellschaftsrelevanten Inhalte anzuzeigen und nicht nur eine Auswahl nach persönlichen Interessen. Nur so können Bürger die Pluralität aller öffentlichen Forderungen, Argumente und Meinungen sowie deren politische Relevanz kennen und das öffentliche Meinungsklima in der Bevölkerung einschätzen. Diese Anforderung steht in Kontrast zu den Wünschen vieler Nutzer. Denn die Popularität algorithmisch personalisierter Nachrichtenkanäle und der gleichzeitige Rückgang direkter Zugriffe auf Nachrichten-Portale lässt sich eigentlich nur dadurch erklären, dass APN als ‚Retter in der Informationsflut' und als Schutzschilde geschätzt werden: vor meinungsdissonanten und unerwünschten Nachrichten und vielleicht auch als Schutzschilde vor dümmlichen, beleidigenden oder hasserfüllten Beiträgen und Kommentaren anderer Nutzer.

Aufgrund der gesellschaftlichen Bedeutung von Personalisierungseffekten durch algorithmische Nachrichtenkanäle haben wir versucht, die Charakteristika von APN sauber herauszuarbeiten und von verwandten und häufig damit vermengten Konstrukten wie Intermediären und Social Media abzugrenzen. Aus diesem Grund wurden Phänomene wie die Trennung von Nachrichten- und Vermittlungsmedien (Intermediäre), öffentliche Bürgerkommunikation (Stichworte: Anschlusskommunikation, Nutzerkommentare, User-Generated Content) und nicht-öffentliche interpersonale Kommunikation (z. B. als private Anschlusskommunikation) nicht weiter vertieft. Sie sind fraglos prägende Elemente des aktuellen Strukturwandels der Öffentlichkeit im Netz. Allerdings besteht bei empirischen Analysen immer die Gefahr, dass das Bild, das man bekommt, immer unklarer wird, je mehr Aspekte man zusammenrührt. Um Komplexität zu reduzieren, hat sich diese Studie bewusst und ausschließlich auf algorithmisch personalisierte Nachrichtenkanäle (APN) und ihre Funktionsweisen und Wirkungen fokussiert.

Das erste empirische Ziel (Kapitel 2) bestand deshalb darin, die Nutzung von APN und deren Anteil am individuellen Nachrichtenmenü, den sogenannten APN-Nutzungsanteil, gleichermaßen forschungsökonomisch und empirisch valide zu erfassen. Wir entwickelten eine elfteilige Fragebatterie, die alle personalisierten und nicht-personalisierten Nachrichtenkanäle online und offline gegenüberstellt, und so einen metrischen und datenanalytisch flexiblen Kennwert für den APN-Nutzungsanteil ermöglicht. Diese Skala wurde in einer repräsentativen Online-Befragung im Sommer 2017 eingesetzt. Der dort gemessene APN-Nutzungsanteil lag für alle deutschen Onliner bei 25 Prozent. Das ist ein Wert, der sich in vergleichbaren Studien ziemlich genau so wiederfindet und deshalb als valide erscheint.

Als nächstes wollten wir in Kapitel 3 wissen, welche Menschen oder Gruppen einen hohen APN-Nutzungsanteil aufweisen und welche nicht. Dazu wurden in der Befragung soziodemografische Merkmale, allgemeine Mediennutzungsmuster und medienbezogene Einstellungen, politikbezogene Eigenschaften sowie psychologische Persönlichkeitseigenschaften der Teilnehmer erfasst. So entstand ein Profil der Nutzer algorithmisch personalisierter Nachrichtenkanäle:

Zunächst zeigte sich ein starker *Alters- bzw. Generationseffekt*: Jüngere Bürger (unter 30 Jahre) weisen einen deutlich höheren APN-Nutzungsanteil auf als mittelalte (30-49 Jahre) und ältere (50+ Jahre). Bei den Jüngeren weisen alle *formalen Bildungsgruppen* gleich hohe APN-Nutzungsanteile auf – mit Ausnahme der Niedriggebildeten (Hauptschule oder keine Ausbildung). Diese nutzen auffallend weniger APN und informieren sich, wenn überhaupt, überwiegend über das Fernsehen. APN sind in dieser Altersgruppe also Nachrichten-Standard, dem sich nur die Niedriggebildeten verweigern. Bei Bürgern ab 30 Jahren findet man den höchsten APN-Nutzungsanteil in der *Bildungsmitte* – Schwerpunkt: mittlere

6.2 Zentrale Befunde

Reife – und bei eher *einkommensschwachen* Bürgern, unabhängig davon ob sie in Großstädten oder auf dem Land leben.

Psychologisch sind APN-Nutzer nicht sehr auffällig. Menschen mit einer großen *Offenheit* für Neues nutzen algorithmisch personalisierte Nachrichtenkanäle überdurchschnittlich oft. *Gewissenhafte* Persönlichkeiten hingegen weisen einen unterdurchschnittlichen APN-Nutzungsanteil auf, vielleicht weil sie die Fülle unterschiedlicher Quellen und Inhalte, die man dort finden kann, als Überforderung oder gar Kontrollverlust empfinden. Vielleicht aber auch, weil einigen von ihnen die Zusammenstellung isolierter Einzelbeiträge in APN zu oberflächlich erscheint und sie nicht-personalisierte Medienangebote mit einer redaktionell integrierten Nachrichtenzusammenstellung bevorzugen.

Politikbezogene Personenmerkmale wie politisches Interesse, Partizipation, Selbstwirksamkeitswahrnehmung oder auch die politische Orientierung nach dem Links-Rechts-Schema haben ebenfalls keinen signifikanten Einfluss auf den APN-Nutzungsanteil. Das gilt zumindest, wenn man die Gesamtbevölkerung betrachtet und die Zusammenhänge multivariat kontrolliert. Untersucht man hingegen den direkten Effekt einer *rechten politischen Orientierung* auf die Präferenz algorithmischer Nachrichtenkanäle (ohne multivariate Kontrolle), stellt man durchaus eine signifikante, positive Korrelation fest. In der Stichprobe nutzten die (wenigen) extrem rechten Befragten APN auffallend intensiv, während die (ebenfalls wenigen) extrem Linken einen bemerkenswert niedrigen APN-Anteil zeigten. Wenn also algorithmische Nachrichtenkanäle eine Domäne politisch extremer Menschen sein sollten, dann trifft das – nach unseren Daten – nur für extreme Rechte zu. In einigen soziodemografischen Gruppen korrespondiert der APN-Nutzungsanteil auch bei multivariater Kontrolle mit rechter politischer Orientierung. Das gilt für mittelalte Bürger (30-49 Jahre) sowie für finanziell gesicherte Personen mit einem Haushalts-Nettoeinkommen von mindestens 2.000 Euro. Letzteres scheint dem obigen Befund, dass sich besonders einkommensschwache Bürger auf algorithmische Kanäle konzentrieren, auf den ersten Blick zu widersprechen. Doch in der Gesamtbetrachtung zeigt sich ein schlüssiges Bild: APN sind tatsächlich eine Domäne der einkommensschwächeren Bürger. Diese nutzen insgesamt deutlich weniger Nachrichtenmedien. Wenn sie sich informieren, dann überdurchschnittlich häufig über APN – und zwar unabhängig von ihrer politischen Orientierung. Blickt man dagegen auf Besserverdienende mit höherem APN-Nutzungsanteil, gehören diese überdurchschnittlich häufig dem rechten Lager an.

Zu (transmedialen) *Mediennutzungsmustern und Medieneinstellungen*. Zunächst bestätigte sich die The-more-the-more-Regel: Je mehr Zeit Bürger insgesamt für Nachrichten (online und offline) aufwenden, desto mehr tun sie das in algorithmisch personalisierten Kanälen. Die theoretisch begründete Annahme, dass sich

Menschen mit einer überdurchschnittlichen Präferenz für meinungskonsonante Inhalte (*Selective-Exposure-Neigung*) häufiger über APN informieren, erwies sich tendenziell als zutreffend, der Zusammenhang war aber schwach. Offenkundig ist das menschliche Bedürfnis nach meinungskonsonanten Informationen nicht das dominante Motiv für die Nutzung algorithmisch personalisierter Nachrichtenkanäle. Ferner ließ sich nachweisen, dass Bürger, die der Personalisierung von Nachrichten skeptisch gegenüberstehen (*Personalisierungsskepsis*), APN weniger nutzen. Das eröffnet mediendidaktische Möglichkeiten: Wenn es gelingt, Menschen für die gesellschaftlichen Risiken einer starken Nutzung und Abhängigkeit von algorithmischen Nachrichtenkanälen zu sensibilisieren, könnte das zu einer verringerten, zumindest aber einer bewussteren Nutzung beitragen.

Man kann das aber auch umkehrt interpretieren: Denn wie sich weiter zeigte, weisen gerade Bürger mit rechter Orientierung sowohl eine stärkere Selective-Exposure-Neigung und eine geringere Personalisierungsskepsis sowie einen höheren APN-Nutzungsanteil auf; das gilt zumindest für die mittelalten Deutschen sowie auch für ältere Personen (50+) mit einem gesicherten Einkommen. Womöglich sind wir damit wieder dem Milieu der ‚politischen Zweifler' (van Eimeren et al. 2017) auf der Spur, das sich nach unseren Daten als mittelalte Bildungsmitte mit gesichertem Einkommen und tendenziell rechter Orientierung umreißen lässt. Diese Gruppe nimmt sich selbst als politisch kompetent wahr (interne Self-Efficacy) und wirft der Politik – vermutlich auch den Medien und sonstigen Eliten – Desinteresse an ihren Problemen vor (externe Self-Efficacy), die häufig um die Themen Einwanderung, Asyl und Islam kreisen. Die Mitglieder dieser Bevölkerungsgruppe wird man mit Aufklärungskampagnen zu den gesellschaftlichen Gefahren der algorithmischen Personalisierung nur schwer erreichen. Denn sie betrachten APN vermutlich als willkommene Alternative zum als ‚linksgrün' verpönten Mainstream-Journalismus, der ihre politischen Themen und Meinungen nur unzureichend repräsentiert oder aus ihrer Sicht gar mutwillig unterdrückt. Überspitzt formuliert: Wer die Gesellschaft eher von Flüchtlingen, dem Islam und der Lügenpresse bedroht sieht als von Populisten und einer verzerrten Informiertheit durch algorithmisch personalisierte Nachrichtenkanäle, den wird man kaum freiwillig zu einem vorsichtigen Umgang mit APN bewegen können.

In Kapitel 5 haben wir aus der breiten Palette möglicher negativer Personalisierungseffekte für demokratische Gesellschaften den wohl meistdiskutierten herausgegriffen: die Verstärkung extremer Einstellungen und Meinungen sowie die daraus resultierende Polarisierung der Gesellschaft. Dies wurde anhand von Meinungs-Statements zu zwei Themen untersucht: die Flüchtlingsdebatte, bei der wir in Deutschland eine starke Polarisierung vermuteten, und die weniger polarisierende Frage, ob die politische Bedeutung der EU eher ausgebaut oder zugunsten

6.2 Zentrale Befunde

stärkerer Entscheidungsbefugnisse der Nationalstaaten zurückgebaut werden soll. In einer eingehenden Analyse der Meinungsverteilungen zeigte sich, dass es im Spätsommer 2017 in der Flüchtlingsdebatte eine asymmetrische Polarisierung gab: Einer großen Gruppe dezidierter ‚Flüchtlingskritiker' stand eine nur unwesentlich größere Gruppe gegenüber, die wir der Einfachheit halber ‚Mainstream' nennen. Zum Mainstream zählten alle Befragten, die die deutsche Flüchtlingspolitik nicht total ablehnten, unabhängig davon, ob sie lieber mehr oder weniger Flüchtende aufgenommen hätten und ob sie die Politik von Kanzlerin Merkel gut oder eher schlecht fanden. Beim EU-Thema dagegen zeigte sich eine eingipflige, rechtsschiefe Verteilung; die Befragten waren insgesamt eher EU-kritisch, aber nicht polarisiert.

Um den Zusammenhang zwischen polarisierten Einstellungen und dem APN-Nutzungsanteil unter Kontrolle aller erhobenen Personenmerkmale zu ermitteln, entschieden wir uns bei beiden Themen dafür, die genannten Gruppen – Kritiker und gemäßigter Mainstream – mittels binär-logistischer Regressionsanalysen zu vergleichen. Als Prädiktoren verwendeten wir neben dem individuellen APN-Nutzungsanteil zur Kontrolle auch Personenmerkmale und ausgewählte Interaktionen zwischen APN-Nutzungsanteil und Personenmerkmalen.

In allen Analysen und bei beiden Themen zeigte sich, dass ein *allgemeiner* Personalisierungs-Polarisierungs-Effekt nicht existiert: Personen, die sich bei ihrer Nachrichtennutzung besonders stark auf algorithmisch personalisierte Kanäle verlassen, neigen *nicht* allein deswegen zu extremeren Meinungen. Oder umgekehrt formuliert – denn wie mehrmals betont, können wir keine Aussagen zur Kausalitätsrichtung machen: Menschen sind nicht allein deshalb intensive APN-Nutzer, weil sie extreme Meinungen vertreten.

In Teilgruppen gibt es jedoch deutliche Personalisierungs-Polarisierungs-Effekte. Diese werden sichtbar, wenn man das Alter und die formale Bildung als intervenierende Personenmerkmale in den Blick nimmt. Beim wenig polarisierenden Thema EU weisen durchaus die Kritiker einen höheren APN-Nutzungsanteil auf als die anderen Befragten, das allerdings nur bei den Älteren (*50+ Jahre*). Die Jüngeren (14 bis 30 Jahre) verhalten sich umgekehrt: In dieser Generation, die ohnehin EU-freundlicher auftritt als die anderen Altersgruppen, sinkt der Anteil der EU-Kritiker mit steigendem APN-Nutzungsanteil. Nun hatten wir ja schon gesehen, dass in der jungen Generation algorithmisch personalisierte Kanäle generell einen wichtigen Platz im Nachrichtenmenü einnehmen – mit einer Ausnahme: den Niedriggebildeten (Hauptschule oder kein Schulabschluss). Diese weisen gleichzeitig den höchsten Anteil an EU-Kritikern auf. Deshalb lässt sich vermuten, dass bildungsferne junge Menschen nicht etwa wegen ihrer APN-Nutzung EU-feindlich werden oder wegen ihrer EU-Kritik verstärkt APN nutzen, sondern dass beide Phänomene unabhängig voneinander auftreten (sog. Scheinkorrelation) und stattdessen von milieubedingten Faktoren abhängen. Es ist denkbar, dass junge Niedriggebildete generell wenig Interesse an politischen Themen außerhalb ihres persönlichen Nahbereichs haben, und deshalb auch die EU ablehnen. Auch beim Flüchtlingsthema finden wir (zumindest bei der Beurteilung der Zahl der aufgenommenen Flüchtlinge) in den Altersgruppen unterschiedliche Personalisierungs-Polarisierungs-Effekte: In der jungen Generation geht ein steigender APN-Nutzungsanteil mit einem leicht niedrigerem Anteil der Flüchtlingskritiker einher; bei den Bürgern ab 30 Jahren hingegen mit einem deutlich höheren Anteil.

Damit können wir festhalten: Der befürchtete Zusammenhang zwischen einer intensiven Nachrichtennutzung über algorithmisch personalisierte Kanäle und polarisierten Meinungslagern existiert in Deutschland tatsächlich. Er tritt aber nur ab einem bestimmten Alter auf, das in unserer Studie bei 30 Jahren beginnt. Wenn damit die Frage im Raum steht, wen man am sinnvollsten über die Risiken personalisierter Nachrichtenkanäle aufklären sollte, liegt die Antwort auf der Hand: Mögliche Aufklärungskampagnen sollte sich eher an ältere Bürger richten und nicht unbedingt an Jüngere. Denn erstens geht bei Jüngeren ein höherer APN-Nutzungsanteil eher mit steigender Weltoffenheit und politischer Mäßigung einher. Und zweitens wird man diese Generation ohnehin kaum mehr von einer intensiven APN-Nutzung abhalten können, zumal hier Personalisierungsskeptiker auch nicht weniger APN nutzen als ‚Personalisierungs-Fans'.

Beim Flüchtlingsthema zeigt sich ein weiterer (Interaktions-)Effekt der formalen Bildung deutlich: Während bei Bürgern mit Abitur der Anteil der Flüchtlingskritiker mit steigendem APN-Nutzungsanteil deutlich sinkt, verhält es sich bei niedriger Gebildeten umgekehrt: Hier nimmt der ohnehin hohe Anteil der Flüchtlingskritiker mit steigender Präferenz für algorithmisch personalisierte Nachrichtenkanäle weiter zu. Das erklärt, warum es keinen allgemeinen Personalisierungs-Polarisierungs-Effekt geben *kann*: APN-Nutzungsanteil und Polarisierung korrelieren tatsächlich stark, sie tun das aber bei Älteren und Jüngeren bzw. bei Niedriger- und Höhergebildeten diametral entgegengesetzt. Damit können wir unsere Überlegungen zu möglichen Aufklärungskampagnen weiter konkretisieren und festhalten, dass sich diese unbedingt auf Bürger mit formal niedriger Bildung konzentrieren sollten, da nur hier ein hoher Anteil algorithmisch personalisierter Kanäle im Nachrichtenmenü deutlich mit Polarisierung einhergeht.

Die Studie hat zudem die politische Selbstwirksamkeitswahrnehmung (Internal und External Self-Efficacy) als hochwirksamen Faktor identifiziert, der gleichermaßen die Neigung zur Nutzung algorithmisch personalisierter Nachrichtenkanäle (Kapitel 3) als auch die Wahrscheinlichkeit extremer Meinungen (Kapitel 4) begünstigt. Die Risikogruppe für algorithmische Personalisierung und Polarisierung umfasst somit Bürger mit gleichermaßen hoher interner und niedriger externer

6.2 Zentrale Befunde

Selbstwirksamkeitswahrnehmung. Solche Menschen glauben einerseits, sie selbst würden politische Probleme und ihre Lösungen genau kennen und könnten die Gesellschaft durch ihr Verhalten verbessern (Internal Self-Efficacy). Andererseits sind sie der Überzeugung, dass die Politik – meist wohl auch andere ‚Eliteakteure' wie Journalisten, Wissenschaftler oder Wirtschaftsvertreter – diese Probleme ignorieren oder nicht verstehen und die Lösungsansätze ablehnen (External Self-Efficacy). Schweiger (2017) argumentiert am Beispiel von islam- und flüchtlingsfeindlichen Bewegungen wie Pegida und AfD, dass diese Mischung aus politischer Selbstüberschätzung, Politisierung und Parteien- bzw. Politikerverdrossenheit das Resultat *und* die Ursache einer intensiven Nutzung sozialer und alternativer Medien ist. Dort finden Bürger, so die weitere Argumentation, eine unüberschaubare Fülle und Vielfalt teils fragwürdiger Quellen. Diese können sie kaum mehr überblicken, geschweige denn hinsichtlich ihrer Vertrauenswürdigkeit und inhaltlichen Qualität beurteilen. Trotz möglicher Desinformation – durch falsch verstandene Fakten und Aussagen, aber auch aufgrund kursierender Populismen, Halbwahrheiten und Verschwörungstheorien – glauben sie, umfassend informiert zu sein und politisieren sich zunehmend. Sie misstrauen journalistischen Medien, weil sie dort überwiegend andere Themen, Weltbilder und Meinungen finden. Deshalb bevorzugen sie algorithmisch personalisierte Nachrichtenkanäle und entwickeln in den dortigen Filterblasen und Echokammern zunehmend radikale Einstellungen.

Die Studie hat das stark polarisierende Thema Flüchtlinge bewusst aufgegriffen, um Teile dieser Argumentationslinie empirisch zu überprüfen und mit einem ebenfalls stark beachteten, aber weniger polarisierenden Thema wie dem der weiteren EU-Entwicklung zu vergleichen. Dabei fällt auf, dass sich die Zusammenhänge zwischen dem APN-Nutzungsanteil und (polarisierten) politischen Meinungen bei beiden Themen kaum unterscheiden. Anscheinend braucht es zu einem Personalisierungs-Polarisierungs-Effekt nicht unbedingt ein extrem polarisierendes Thema wie die Flüchtlingsdebatte. Vermutlich genügt bereits ein Konfliktthema, bei dem die journalistische Berichterstattung und die Sicht vieler Bürger im Sinne eines doppelten Meinungsklimas (Noelle-Neumann, 2001) auseinanderklaffen. Denn wenn das der Fall ist, sollte das Interesse von Bürgern an alternativen Darstellungen und Sichtweisen steigen, wie man sie im Internet allgemein und als Interessierter noch stärker in algorithmisch personalisierten Nachrichtenkanälen findet. Ein doppeltes Meinungsklima zeichnet nach unserer Wahrnehmung beide Themen aus: Während die Medien in den letzten Jahren überwiegend positiv über die Aufnahme von Flüchtlingen und die EU berichteten, ist die Meinung der Bürger in beiden Fällen mehrheitlich ablehnend (siehe Abbildung 8 in Kapitel 5.3).

Das Zusammenspiel von Personalisierung und Polarisierung verläuft sicherlich nur sehr selten einseitig kausal: Kaum ein Bürger wird allein über APN extrem und niemand nutzt APN allein deshalb, weil er/sie nur extreme Inhalte sucht und erträgt. Weitaus realistischer erscheint ein Spiralprozess, den man so skizzieren kann: Wenn Bürger zu einem oder mehreren Themen eine kritische Meinung entwickeln, die aus ihrer Sicht vom journalistischen Mainstream abweicht, nutzen sie verstärkt alternative Quellen. Über APN verbinden sie sich mit alternativen Quellen und anderen kritischen Akteuren und Personen. Diese liefern weitergehende Informationen, die leider oft auch falsch sind, aber immerhin die kritische Einstellung des Bürgers bestätigen. Indem algorithmisch personalisierte Nachrichtenkanäle den Zugang zu meinungskonsonanten Quellen erleichtern, dauerhaft verstetigen und sogar intensivieren, ‚radikalisieren' sie ihre Nutzer weiter.

Die Wirkungsprozesse sind vermutlich noch komplexer und vielschichtiger. Wie bereits angesprochen, tragen APN nicht ausschließlich zur Bildung und Verstärkung von Filterblasen und Echokammern bei. Je nach Art der individuellen Nutzung können sich Bürger dort auch vielfältiger informieren und so noch mehr in Kontakt mit entgegengesetzten Meinungen kommen (Fletcher & Nielsen, 2017; Dubois & Blank, 2018). Bei gesellschaftlichen Konflikten, wie wir sie derzeit in vielen Ländern und häufig im Zusammenhang mit dem Thema Immigration erleben, kann das so weit gehen, dass sich die unterschiedlichen Meinungslager, Filterblasen und Echokammern im Netz stärker beachten, aufeinander beziehen und sich so gegenseitig bekämpfen. Dieser Kampf wird häufig in den Kommentarspalten von Online-Medien oder auf ihren Facebook-Seiten ausgetragen. Jedes Lager versucht, die andere mit noch mehr und teilweise noch extremeren Bewertungen und Kommentaren, gelegentlich auch mit guten Argumenten, zu überbieten. Das Ziel solcher „corrective actions" (Rojas, 2010) besteht darin, zu zeigen, dass das eigene Lager aktiver ist und die Bevölkerungsmehrheit repräsentiert, um die Gegenseite davon zu überzeugen, dass sie in der Minderheit ist, und so zu demoralisieren.[25] Menschen, die sich – aus welchen Motiven auch immer – in diesen „Filter Clash" (Pörken, 2018) begeben, treten damit häufig in Kontakt mit den Aussagen der Gegenseite. Da diese jedoch als feindlich und bekämpfenswert wahrgenommen wird, verstärkt der gemeinsame Kampf das Zusammengehörigkeitsgefühl im eigenen Meinungslager. Das Resultat ist wieder eine Verstärkung einer bereits bestehenden Polarisierung („Backfire Effect").

In welchem Maß die in unserer Studie gefundene asymmetrische Polarisierung deutscher Onliner von der meinungskonsonanten Personalisierung in algorith-

---

25 Vgl. den Online-Hashtag „#wirsindmehr", der sich nach den rechten Protesten in Chemnitz 2018 etabliert hat. Zum Zusammenhang zwischen Meinungsbildung im Netz und der individuellen Meinungsklimawahrnehmung siehe Kapitel 2.2 und ausführlicher Schweiger (2017, S. 113 ff.).

mischen Nachrichtenkanälen verursacht wurde und welche Rolle die Meinungsverstärkung eines „Filter Clash" spielt, muss offen bleiben. Wir können auch nur Plausibilitätsannahmen anstellen, warum die Nutzung algorithmischer Nachrichtenkanäle bei jungen Menschen, anders als bei Älteren, mit einer Abschwächung polarisierter Meinungen einhergeht. Vielleicht nutzen junge Menschen häufig APN, um sich möglichst umfassend und breit zu informieren, und entwickeln dabei kein ausgeprägtes Freund-Feind-Verhalten und -Denken im Sinne eines „Filter Clash".

Um diese und andere Annahmen empirisch zu ergründen, müsste man detailliert die situativen Nutzungsmotive der untersuchten Personen und die von ihnen jeweils rezipierten Inhalte und Meinungen erfassen. Wie in Kapitel 3.2 dargestellt, ist eine solche individuelle und nahtlose Erfassung sämtlicher Motive und der rezipierten Inhalte im Netz und in allen anderen Mediengattungen (inklusive Rundfunk und Print) empirisch extrem aufwändig oder womöglich gar nicht vollständig umsetzbar. Doch die gesellschaftliche und kommunikationswissenschaftliche Relevanz des Themas ist hoch. Deshalb sollte zukünftige Forschung einerseits die Theoriebildung vorantreiben und andererseits mit leistungsstarken und kreativen Methoden(-kombinationen) umfassendere und detailliertere empirische Daten erheben. Hier mögen auch international vergleichenden Studien für Erkenntnisgewinn sorgen. Nur durch die Berücksichtigung relevanter Kontext- bzw. Drittvariablen wird es möglich sein, die Zusammenhänge zwischen der Nutzung personalisierender Nachrichtenkanäle und Meinungspolarisierung besser zu verstehen.

6.3 Ausblick und gesellschaftspolitische Folgerungen

Wie geht es weiter und welche möglichen Gegenmaßnahmen können helfen, die Gefahr einer weiteren Polarisierung von Gesellschaften durch die Personalisierung im Netz zu mindern? Zunächst ist davon auszugehen, dass sich die gesellschaftliche Verbreitung und die individuelle Rezeption von Nachrichten und anderen politischen Inhalten im Netz weiterhin so dynamisch verändern wie bisher. Der „algorithmische Strukturwandel der Öffentlichkeit" (Hagen et al. 2017) ist nicht abgeschlossen. Niemand mag vorhersehen, welche Kanäle bzw. konkreten Plattformen in den nächsten Jahren dazukommen, welche verschwinden, und wie sich bestehende Plattformen und ihre Nutzungsdaten verändern. Wir wissen nicht, ob die Konzerne Facebook (mit Instagram und WhatsApp) und Alphabet (Google und YouTube) weiterhin die dominanten Anbieter bleiben werden. Im Augenblick sieht es so aus, als ob der Stern von Facebook im Sinken begriffen ist. Newman et al. (2018, S. 10) diagnostizieren für einige Länder, v. a. die USA, sogar einen allgemeinen

Rückgang der Nachrichtennutzung über Social Media („Social Media Reverse"), der allerdings fast vollständig auf das Konto von Facebook geht. Gleichzeitig gewinnen personalisierte Nachrichten-Apps für das Smartphone weiterhin an Bedeutung.

Diese Dynamik des Feldes war für uns ja der Auslöser dafür, algorithmisch personalisierte Nachrichtenkanäle als allgemeines und längerfristig gültiges Konstrukt zu analysieren. Denn auch wenn die Plattformen in den kommenden Jahren wechseln: Sie werden ganz sicher weiterhin Personalisierungs-Algorithmen enthalten. Diese werden technisch immer leistungsfähiger. Sie werden die Interessen, Einstellungen und Geschmäcker ihrer Nutzer immer besser kennen und entsprechend komfortabler und unmerklicher bedienen. Damit steigt natürlich auch die Intransparenz (Diakopoulos, 2015). Über Streaming-Plattformen wie Netflix oder Spotify halten Personalisierungs-Algorithmen auch verstärkt im Unterhaltungsbereich Einzug. Auch wenn das auf den ersten Blick harmlos erscheint: Die algorithmische Personalisierung in der Unterhaltung beeinträchtigt die politische Informiertheit und Meinungsbildung der Bevölkerung durchaus. Wir wissen seit Jahrzehnten aus der Kultivierungsforschung zum Fernsehen, dass die Weltbilder, die Bürger ständig in Unterhaltungsmedien sehen, auch ihre persönlichen Weltbilder beeinflussen und so politisch wirksam werden können (Gerber & Gross, 1976). Dass das sogar für Vielnutzer von Online-Spielen gilt, konnte Williams bereits 2006 zeigen.

Viele Bürger werden solche Angebote nutzen. Auch wenn es sich manche Politiker oder Medienpädagogen anders wünschen: Die Mehrheit der Nutzer wird sich den Komfort algorithmischer Personalisierung in Anbetracht der Überfülle an Angeboten und Inhalten im Netz nicht nehmen lassen. Auch die Hoffnung, dass Menschen bewusst und dauerhaft nach meinungsdissonanten Inhalten im Netz suchen, um sich vielfältiger zu informieren und sich eine kompetentere Meinung zu bilden, erscheint unrealistisch. Zu anstrengend und enervierend ist für viele von uns ein ständiger Kontakt mit gänzlich anderen Meinungen, als dass wir sie freiwillig suchen würden. Man stelle sich nur einmal vor, sich als weltoffener Mensch täglich eine Viertelstunde die Äußerungen deutscher Chauvinisten, Rassisten und Flüchtlingshasser im Netz zu Gemüte zu führen, um die gesamte Meinungsvielfalt in unserem Land zu erfassen!

Deshalb ist auch kaum zu erwarten, dass die großen Plattformbetreiber den Personalisierungsgrad ihrer Algorithmen reduzieren, um ihren Nutzern mehr neue und überraschende Inhalte anzubieten und die Filterblasen durchlässiger zu machen. Gerade Facebook scheint alle Probleme und Formen des Missbrauchs der Plattform soweit irgend möglich mit Algorithmen lösen zu wollen.[26] Jede zusätzliche manuelle

---

26 Das brachte Facebook-Chef Mark Zuckerberg in einem öffentlichen Memorandum am 16.02.2017 sehr deutlich zum Ausdruck (https://www.facebook.com/notes/mark-zu-

6.2 Zentrale Befunde

Kontrolle oder Bearbeitung von problematischen Inhalten und ihre Auswahl durch Mitarbeiter – seien es eigene oder Mitarbeiter bei Partnerunternehmen – führt zu Personalkosten, die das Unternehmen scheut.

Aufgrund der Debatten über Filterblasen und Echokammern in den letzten Jahren gab es Versuche kleinerer Plattformen, ihre Newsfeeds weniger stark oder gar nicht zu personalisieren, so z. B. den Nachrichten-Aggregator newstral.com. Andere Angebote überlassen Kuratoren (meist Journalisten oder Experten) die Vorauswahl von Beiträgen zu verschiedenen Themenkategorien, die die Nutzer dann dauerhaft auswählen können. Der Intermediär piqd.de beispielsweise verspricht auf seiner Startseite: „Kluge Köpfe filtern für dich relevante Beiträge aus dem Netz. Entdecke handverlesene Artikel, Videos und Audios zu deinen Themen". Auch die erfolgreiche Nachrichten-Aggregatoren-App upday arbeitet mit einer Mischung aus redaktioneller Vorauswahl, Nutzerauswahl der Themen und algorithmischer Personalisierung. Diese zeigt „ähnliche oder verwandte – und manchmal auch ganz neue – Inhalte. So bekommst du einen Überblick darüber, was die Welt und das Web bewegt!"[27] Wie stark diese versprochene ‚Durchlüftung' der Filterblasen der Nutzer tatsächlich ausfällt, bleibt leider intransparent. Natürlich kursieren im Netz auch unzählige Tipps und Tutorials, wie man als Nutzer die algorithmische Personalisierung von Facebook und anderen Plattformen und damit die Dichte der persönlichen Filterblase reduzieren kann (z. B. indem man Quellen mit einer anderen politischen Orientierung folgt). Das Ergebnis aller dieser Versuche und Bemühungen ist überschaubar. Nur wenige Menschen verschlägt es auf solche zweifellos gut gemeinten Angebote. Und wie viele Nutzer großer Plattformen Tipps zur Weitung ihrer Filterblase wirklich dauerhaft beachten, weiß niemand. Viele sind es vermutlich nicht.

Da sich weder die dominanten Plattform-Anbieter noch das Gros ihrer Nutzer dafür interessieren, die algorithmische Personalisierung der Kanäle abzuschwächen, um umfassendere Überblicke gesellschaftsrelevanter Nachrichten zu bieten und die Risiken der Filterblasen zu reduzieren, steht die Frage staatlicher Kontrolle und Regulierung im Raum. Tatsächlich gibt es in den letzten Jahren einige Regulierungsmaßnahmen auf nationaler und europäischer Ebene, deren Sinnhaftigkeit und Eignung hier nicht thematisiert werden soll: Das deutsche Netzwerkdurchsetzungsgesetz verpflichtet alle großen Social-Media-Plattformen, Inhalte, die gegen Gesetze verstoßen (Beleidigung, Volksverhetzung, Aufruf zu Straftaten, Verwendung verbotener Abzeichen, Verstöße gegen das Persönlichkeitsrecht, Jugendschutz, usw.), nach Nutzerbeschwerden schnell zu entfernen.

---

ckerberg/building-global-community/10154544292806634; 20.09.2018)
27 Selbstauskunft des Anbieters: https://www.upday.com/de/ (20.09.2018)

Die europäische Datenschutzgrundverordnung sanktioniert Verstöße gegen den Schutz und die Integrität persönlicher Daten durch „informationsverarbeitende" Unternehmen und Institutionen. Auch das derzeit in Vorbereitung befindliche EU-Gesetz verpflichtet die großen Plattformen zur Einführung von sogenannten Upload-Filtern für User-generated Content, soll Gesetzesverstöße durch Inhalte im Netz (hier auch gegen das Urheberrecht) bekämpfen. Allen Initiativen ist gemein, dass sie sich auf problematische Inhalte in Intermediären beziehen und damit lediglich gegen Konkurrenzeffekte wirksam sein können.

Eine staatliche Regulierung algorithmisch personalisierter Nachrichtenkanäle mit dem Ziel, Personalisierungs- und Polarisierungseffekte zu bekämpfen, ist trotz der Relevanz des Themas hingegen nicht zu erwarten. Denn würde der Gesetzgeber eine bestimmte Form oder Ausprägung algorithmischer Personalisierung erzwingen oder verbieten, wäre das ein schwerwiegender Eingriff in Artikel 5 des deutschen Grundgesetzes. Dieses verbürgt für alle Menschen absolute Informations-, Meinungs- und Pressefreiheit. Der Gesetzgeber darf also weder Bürgern oder Medieninstitutionen vorschreiben oder verbieten, was und wie sie sich öffentlich äußern, solange sie sich an Gesetze halten. Und er darf sie auch nicht in ihrer freien Auswahl und Rezeption von Nachrichtenquellen und (legalen) Inhalten einschränken. Damit sind gesetzliche Vorschriften zu algorithmischer Personalisierung in Deutschland erfreulicherweise unmöglich.

Stehen wir also an der Schwelle zu einem allumfassenden Algorithmenvertrauen, wie es Ranga Yogeshwar beschreibt? „Wir werden Zeugen eines Konditionierungseffektes, der in vielen Bereichen unseres Lebens Wissen und Verständnis durch ein blindes Vertrauen in die Maschine oder in einen Algorithmus ersetzt. Vertrauen statt verstehen. (…) Wenn wir Maschinenentscheidungen, die wir nicht mehr nachvollziehen, zur neuen Basis erklären, dann öffnen wir die Tür in ein Zeitalter digitaler Orakel und willkürlicher Entscheidungen. Demokratie braucht eine Rechenschaftspflicht, und die muss auch für unsere Werkzeuge gelten."[28].

Somit bleibt die Hoffnung, Bürger durch die aktuellen öffentlichen Debatten und vielleicht auch durch Aufklärungskampagnen für die Risiken algorithmischer Personalisierung zu sensibilisieren. Wie unsere Daten zeigen, senkt – zumindest bei den Älteren – eine gewisse Personalisierungsskepsis den Anteil solcher Kanäle am individuell genutzten Nachrichtenmenü. Dass erheblicher Aufklärungsbedarf besteht, ist ohnehin unstrittig: In qualitativen Interviews mit US-amerikanischen Facebook-Nutzern wusste weniger als die Hälfte der 40 Befragten, dass der Facebook-Newsfeed personalisiert wird (Eslami et al., 2015). Selbst in einer Umfrage

---

[28] R. Yogeshwar: All diese undurchschaubaren Apparate. Frankfurter Allgemeine Zeitung vom 12.01.2018, S. 12.

6.2 Zentrale Befunde

unter College-Studierenden, einer jungen und online-affinen Stichprobe, war der Mehrheit die algorithmische Personalisierung des Facebook-Newsfeeds nicht bewusst (Powers, 2017). Auch in Deutschland stießen Fischer & Petersen (2018) auf Unkenntnis über Algorithmen und ihre Funktionen in allen Lebensbereichen. Nur 49 Prozent der Befragten stimmten dem zutreffenden Statement zu, dass Algorithmen die „Individuelle Auswahl an Nachrichten und aktuellen Meldungen, die man als Internetnutzer angezeigt bekommt", beeinflussen (S. 15). Hinzu kommt die Gefahr des Missverstehens der Funktionsweisen von Algorithmen: Laut Schmidt, Merten und Hasebrink (2017) schätzen viele Nutzer von Intermediären die Möglichkeit, einen Einblick in das Meinungsklima zu gesellschaftlich relevanten Themen zu bekommen, obwohl genau das kaum möglich ist (Schweiger, 2017, S. 116 ff.).

Öffentliche Aufklärungskampagnen durch staatliche Einrichtungen sind sicherlich ein Baustein, wenn es darum geht, die Bevölkerung über die Möglichkeiten und Risiken algorithmischer Personalisierung zu informieren und zu sensibilisieren. Was die Sache allerdings erschwert, ist die meist betroffene Zielgruppe. Es sind weniger junge Menschen, die man in Schulen, Berufsschulen und weiterführenden Bildungseinrichtungen gut ansprechen könnte, sondern eben Ältere. Doch wie kann man Bürger mittleren Alters, die sich bevorzugt über meinungskonsonante Angebote in algorithmischen Kanälen informieren, aufklären?

Zum einen lässt sich die Zielgruppe durch Targeting-Kampagnen in den genutzten algorithmischen Nachrichtenkanälen ansprechen, also beispielsweise über Werbemittel in Facebook oder die Google-Suche, die Interessierte auf entsprechende staatliche Aufklärungs-Seiten, Profile und Channels leiten. Bei solchen Kampagnen ist allerdings das Problem zu lösen, dass die Interessierten in der Regel ohnehin schon sensibilisiert sind, während sich gefährdete Bürger weniger für die Thematik interessieren und entsprechende Aufklärungsangebote kaum nutzen.

Deshalb ist dieser Personenkreis womöglich am besten von journalistischen Medien mit ihrer aktualitätsbezogenen Berichterstattung zu erreichen. Auch wenn viele Bürger eine gewisse Skepsis gegenüber den sogenannten Mainstream-Medien entwickelt haben und sich in mehr oder weniger ausgeprägten ideologischen Filterblasen bewegen: Der Anteil der Deutschen, die journalistische Medien komplett meiden, ist gleich Null (Prochazka, 2019; vgl. auch Fußnote 16). Auch in unserer Studie nutzten die Befragten in allen Gesellschaftsgruppen nicht-personalisierte Nachrichtenkanäle, deren Inhalte sehr häufig von journalistischen Quellen stammen, länger als APN.

Vielleicht entsteht auch hierzulande ein Trend zu etablierten, starken und glaubwürdigen Medienmarken, wie ihn die USA derzeit erleben: Seit mit Donald Trump ein ausgewiesener Populist und Lügner US-Präsident ist, verkaufen die dortigen Qualitätsmedien deutlich mehr Digital-Abos („Trump Bump"; Newman et al., 2018, S. 24). Nun existiert in Deutschland kein Donald Trump, wohl aber gibt es Populisten mit einer gefährlichen Nähe zum Rechtsextremismus, eine Reihe politischer Missstände und eine Koalitionsregierung, deren öffentliches Auftreten viele Bürger ratlos macht. Die Zeit für einen kritischen, investigativen und analytisch starken Journalismus sollte also günstig sein. Vielleicht bewegt das manche Bürger wieder häufiger dazu, die Berichterstattung von Qualitätsmedien zu nutzen – über welche Kanäle auch immer. Da die Zahlungsbereitschaft der meisten Bürger für journalistische Inhalte im Netz weiterhin gering ist[29], wächst vor allem den öffentlich-rechtlichen Informationsangeboten im Fernsehen, Radio und im Internet eine hohe Bedeutung zu (sie sind nach Zahlung des Rundfunkbeitrags als verpflichtende Haushaltsabgabe kostenlos verfügbar.).

Natürlich leiden öffentlich-rechtliche wie private Medien weiterhin unter der Vertrauenskrise des Journalismus in Teilen der Bevölkerung (z. B. van Eimeren et al., 2017). Dieser Vertrauensverlust gilt aber vermutlich in erster Linie der klassischen Politikberichterstattung, die sich dem Vorwurf mangelnder Objektivität und zu großer Nähe zu den Mächtigen in Politik und Wirtschaft ausgesetzt sieht. Vor allem dem öffentlich-rechtlichen Rundfunk wird häufig vorgeworfen, von der Politik gesteuert zu sein (Prochazka & Schweiger, 2016, S. 466). Was aber, wenn journalistische Medien über Digitalisierung und Öffentlichkeit, Datenschutz, Fake News, Desinformation usw. und die dominante wie problematische Rolle großer US-Kommunikationskonzerne wie Alphabet/Google, Facebook, Amazon und Apple berichten? Hier ist der Vorwurf parteipolitischer Nähe weitaus weniger zu befürchten – die gemeinsamen Gegner sitzen ja in den USA –, und viele Rezipienten werden den Berichten vertrauen.

Deshalb sind auch staatliche Regulierungsversuche zu begrüßen. Ohne über den Sinn und die Wirksamkeit des Netzwerkdurchsetzungsgesetzes oder der Datenschutzgrundverordnung urteilen zu wollen: Allein die öffentlichen Debatten rund um diese Gesetze erreichen viele Menschen und sensibilisieren sie vielleicht auch. Nur durch intensive und manchmal vielleicht auch hysterische Debatten zu Filterblasen, Datenschutz oder Polarisierung kann im Lauf der Zeit ein gemeinsames Grundverständnis entstehen, wie sich unsere Gesellschaft(en) die Gegenwart und Zukunft einer digitalen Öffentlichkeit vorstellen und wünschen. Und diese Debatten finden auch weiterhin meist in den journalistischen Medien statt (Jarren, 2018).

Wir ermuntern deshalb alle journalistischen Medien ausdrücklich, ihre Ressourcen und Kompetenzen im Ressort ‚Medien und digitale Öffentlichkeit' auszubauen. Dieses umfassende Themenfeld, zu dem natürlich auch algorithmisch

---

29 Vgl. https://meedia.de/2018/02/22/schlechte-nachricht-fuer-verlage-jeder-vierte-will-nicht-mehr-fuer-journalismus-zahlen-egal-wie-hoch-die-qualitaet-ist/ (20.09.2018)

personalisierte Nachrichtenkanäle und Implikationen gehören, stößt nicht nur bei jungen Menschen auf reges Interesse und hohen Erklärungsbedarf. Mit einer kompetenten, umfassenden, kritischen und vor allem verständlichen Berichterstattung über Phänomene und Probleme einer digitalisierten Öffentlichkeit können Medien ihr Publikum von ihrer journalistischen Leistungsfähigkeit überzeugen und an sich binden – auf ihren eigenen Portalen wie auf algorithmisch personalisierten Nachrichtenkanälen.

Literatur

AGOF. (2017). *digital facts 2017–03*. Verfügbar unter https://www.agof.de/download/ Downloads_digital_facts/Downloads_Digital_Facts_2017/Downloads_Digital_ Facts_2017-03/03-2017_df_Grafiken_digital%20facts%202017-03.pdf?x54537

Ananny, M. & Crawford, K. (2017). Seeing without knowing. Limitations of the transparency ideal and its application to algorithmic accountability. *New Media & Society, 20* (3), 973–989. doi: 10.1177/1461444816676645.

Arlt, D. & Wolling, J. (2018). Bias wanted! Examining people's information exposure, quality expectations and bias perceptions in the context of the refugees debate among different segments of the German population. *Communications*, 1–25. doi: 10.1515/commun-2017-0045.

Asendorpf, J. B. & Neyer, F. J. (2012). *Psychologie der Persönlichkeit* (5., vollst. überarb. Aufl.). Berlin: Springer.

Baila, C.A., Argyleb, L.P., Browna, T.W., Bumpusa, J.P., Chenc, H., Hunzakerd, M.B.F., Leea, J., Manna, M., Merhouta, F. & Volfovskye, A. (2018). Exposure to opposing views on social media can increase political polarization. Proceedings of the National Academy of Sciences of the United States of America. Verfügbar unter: http://www.pnas.org/content/115/37/9216.

Bakshy, E., Messing, S. & Adamic, L. A. (2015). Exposure to ideologically diverse news and opinion on Facebook. *Science, 348* (6239), 1130–1132. doi: 10.1126/science.aaa1160.

Baldassarri, D. & Gelman, A. (2008). Partisans without constraint: Political polarization and trends in American public opinion. *American Journal of Sociology, 114*(2): 408–446.

BBSR. (o.J.). *Laufende Stadtbeobachtung – Raumabgrenzung*. Zugriff am 27.04.2018. Verfügbar unter https://www.bbsr.bund.de/BBSR/DE/Raumbeobachtung/Raumabgrenzungen/StadtGemeindetyp/StadtGemeindetyp_node.html

Beam, M. A. (2014). Automating the News. How Personalized News Recommender System Design Choices Impact News Reception. *Communication Research, 41* (8), 1019–1041. doi: 10.1177/0093650213497979.

Beam, M.A., Hutchens, M.J. & Hmielowski, J.D. (2018). Facebook news and (de)polarization: reinforcing spirals in the 2016 US election. Information, Communication & Society, 21 (7): 940–958. doi: DOI:10.1080/1369118X.2018.1444783.

Beam, M. A. & Kosicki, G. M. (2014). Personalized news portals. Filtering systems and increased news exposure. *Journalism & Mass Communication Quarterly, 91* (1), 59–77. doi: 10.1177/1077699013514411.

Beier, J. & Kalyanaraman, S. (2008). The Psychological Appeal of "MyNews.com:" The Interplay Between Customization and Recommendation Sources in News Websites. Paper presented at the annual meeting of the International Communication Association, TBA, Montreal, Quebec, Canada. Verfügbar unter http://citation.allacademic.com/meta/p234069_index.html.

Bessi, A., Scala, A., Rossi, L., Zhang, Q., & Quattrociocchi, W. (2014). The economy of attention in the age of (mis)information. *Journal of Trust Management, 1* (1), 105. doi: 10.1186/s40493-014-0012-y.

Bechmann, A. & Nielbo, K.L. (2018). Are We Exposed to the Same "News" in the News Feed? An Empirical Analysis of Filter Bubbles as Information Similarity for Danish Facebook Users. *Digital Journalism*. DOI:10.1080/21670811.2018.1510741.

Blais, A. & Galais, C. (2016). Measuring the civic duty to vote. A proposal. *Electoral Studies, 41,* 60–69. doi: 10.1016/j.electstud.2015.11.003

Blais, A. & St-Vincent, S. L. (2011). Personality traits, political attitudes and the propensity to vote. *European Journal of Political Research, 50* (3), 395–417. doi: 10.1111/j.1475-6765.2010.01935.x

Borgesius Zuiderveen, F. J., Trilling, D., Möller, J., Bodó, B., de Vreese, C. H., & Helberger, N. (2016). Should we worry about filter bubbles? *Internet Policy Review, 5* (1). doi: 10.14763/2016.1.401.

Boulianne, S. (2011). Stimulating or reinforcing political interest. Using panel data to examine reciprocal effects between news media and political interest. *Political Communication, 28* (2), 147–162. doi: 10.1080/10584609.2010.540305.

Boulianne, S. (2015). Social media use and participation. A meta-analysis of current research. *Information, Communication & Society, 18* (5), 524–538. doi: 10.1080/1369118X.2015.1008542.

Brettschneider, F. (2002). Responsivität. In M. Greiffenhagen & S. Greiffenhagen (Hrsg.), *Handwörterbuch zur politischen Kultur der Bundesrepublik Deutschland* (S. 541–547). Opladen: Westdeutscher Verlag.

Bruns, A. (2016). Echo Chamber? What Echo Chamber? The Conversation. Verfügbar unter https://theconversation.com/echo-chamber-what-echo-chamber-69293.

Campbell, A., Gurin, G. & Miller, W. E. (1954). *The voter decides*. Evanston Ill.: Row Peterson.

Campus, D. (2012). Political discussion, opinion leadership and trust. *European Journal of Communication, 27*(1), 46–55. doi: 10.1177/0267323111434580.

Conover, M. D., Ratkiewicz, J., Francisco, M., Goncalves, B., Flammini, A., & Menczer, F. (2011). Political Polarization on Twitter. *Proceedings of the Fifth International AAAI Conference on Weblogs and Social Media*. Verfügbar unter https://www.aaai.org/ocs/index.php/ICWSM/ICWSM11/paper/viewFile/2847/3275.pdf.

D'Alessio, D. & Allen, M. (2007). The selective exposure hypothesis and media choice processes. In R. W. Preiss, B. M. Gayle, N. Burrell, M. Allen & J. Bryant (Eds.), *Mass media effects research. Advances through meta-analysis* (pp. 103–118). Mahwah, NJ: Lawrence Erlbaum Associates.

Danner, D., Rammstedt, B., Bluemke, M., Treiber, L., Berres, S., Soto, C. et al. (2016). *Die deutsche Version des Big Five Inventory 2 (BFI-2)* (Zusammenstellung sozialwissenschaftlicher Items und Skalen). doi: 10.6102/zis247

Del Vicario, M., Bessi, A., Zollo, F., Petroni, F., Scala, A., Caldarelli, G. et al. (2015). The spreading of misinformation online. *Proceedings of the National Academy of Sciences of the United States of America, 113* (3), 554–559. doi: 10.1073/pnas.1517441113.

Diakopoulos, N. (2015). Algorithmic Accountability. Journalistic investigation of computational power structures. *Digital Journalism, 3* (3), 398–415. doi: 10.1080/21670811.2014.976411.

Diakopoulos, N. & Koliska, M. (2016). Algorithmic Transparency in the News Media. *Digital Journalism, 5* (7), 809–828. doi: 10.1080/21670811.2016.1208053.

Dubois, E. & Blank, G. (2018). The echo chamber is overstated. The moderating effect of political interest and diverse media. *Information, Communication & Society.* doi: 10.1080/1369118X.2018.1428656.

Dutta-Bergman, M. J. (2006). The Demographic and Psychographic Antecedents of Attitude toward Advertising. *Journal of Advertising Research, 46* (1), 102–112.

Dylko, I., Dolgov, I., Hoffman, W., Eckhart, N., Molina, M. & Aaziz, O. (2017). The dark side of technology. An experimental investigation of the influence of customizability technology on online political selective exposure. *Computers in Human Behavior, 73,* 181–190. doi: 10.1016/j.chb.2017.03.031.

Ecke, O. (2017). Wie häufig und wofür werden Intermediäre genutzt? Die quantitative Perspektive der Zusatzbefragung in der MedienGewichtungsStudie. Verfügbar unter https://www.die-medienanstalten.de/fileadmin/user_upload/Veranstaltungen/2016/2016_11_30_Intermediaere_und_Meinungsbildung/TNS_Intermediaere_und_Meinungsbildung_Praesi_Web_Mappe.pdf.

Eckert, S. & Gensing, P. (2018). Lautstarke Minderheit. Analyse von Hass-Kommentaren. faktenfinder.tagesschau.de vom 20.02.2018. Verfügbar unter https://faktenfinder.tagesschau.de/inland/hasskommentare-analyse-101.html (21.06.2018).

Edelman (2017). Edelman trust barometer 2017. Executive summary. Verfügbar unter https://www.edelmanergo.com/fileadmin/user_upload/Studien/2017_Edelman_Trust_Barometer_Executive_Summary.pdf

Eilders, C. & Porten-Cheé, P. (2016). Spiral of silence online: How online communication affects opinion climate perception and opinion expression regarding the climate change debate. *Studies in Communication Sciences, 15*(1). doi: 10.1016/j.scoms.2015.03.002.

Emmer, M., Vowe, G., Wolling, J. & Seifert, M. (2011). *Bürger online. Die Entwicklung der politischen Online-Kommunikation in Deutschland.* Konstanz: UVK-Verl.-Ges.

Eslami, M., Rickman, A., Vaccaro, K., Aleyasen, A., Vuong, A., Karahalios, K. et al. (2015). I always assumed that I wasn't really that close to [her]: Reasoning about Invisible Algorithms in News Feeds. *Proceedings of the 33rd annual ACM conference on human factors in computing systems* (S. 153–162).

European Social Survey. (2014). *ESS Round 7 Source Questionnaire.* London: ESS ERIC Headquarters, Centre for Comparative Social Surveys, City University London.

Festinger, L. (1957). *A theory of cognitive dissonance.* Stanford: Stanford Univ. Press.

Fields, J.A., & Schuman, H. (1976). Public Beliefs About the Beliefs of the Public. *Public Opinion Quarterly, 40,* 427–448.

Fiorina, M. & Abrams, S. (2011). Where's the Polarization? In R. Niemi, H. Weisberg & D. Kimball (Hrsg.), *Controversies in Voting Behavior* (S. 309–318). Washington, DC: CQ Press.

Fischer, S. & Petersen, T. (2018). Was Deutschland über Algorithmen weiß und denkt. Ergebnisse einer repräsentativen Bevölkerungsumfrage. Verfügbar unter: https://www.bertelsmann-stiftung.de/fileadmin/files/BSt/Publikationen/GrauePublikationen/Was_die_Deutschen_ueber_Algorithmen_denken.pdf (23.05.2018).

Flaxman, S., Goel, S., & Rao, J.M. (2016). Filter Bubbles, Echo Chambers, and Online News Consumption. *Public Opinion Quarterly, 80*(S1), 298–320. doi: 10.1093/poq/nfw006.

Fletcher, R. & Nielsen, R. K. (2017). Are people incidentally exposed to news on social media? A comparative analysis. *New Media & Society*. doi: 10.1177/1461444817724170.
Gastil, J. (2008). *Political Communication and Deliberation*. Los Angeles, London, New Delhi, Singapore: Sage.
Gastil, J. & Xenos, M. (2010). Of attitudes and engagement: Clarifying the reciprocal relationship between civic attitudes and political participation. *Journal of Communication, 60* (2), 318–343.
Georgi, D. & Bourbonus, N. (2010). Online Relationship Marketing. Einfluss der Online-Interaktionsfrequenz auf das Beziehungsverhalten der Kunden. In D. Georgi & K. Hadwich (Hrsg.), Management von Kundenbeziehungen. Perspektiven – Analysen – Strategien – Instrumente (S. 367–386). Wiesbaden: Gabler.
Gerber, A. S., Huber, G. A., Doherty, D. & Dowling, C. M. (2011). Personality traits and the consumption of political information. *American Politics Research, 39* (1), 32–84. doi: 10.1177/1532673X10381466
Gerbner, G. & Gross, L. (1976). Living With Television: The Violence Profile. *Journal of Communication, 26* (2): 173–199.
Gil de Zúñiga, H., Diehl, T., Huber, B. & Liu, J. (2017). Personality traits and social media use in 20 countries. How personality relates to frequency of social media use, social media news use, and social media use for social interaction. *Cyberpsychology, behavior and social networking, 20* (9), 540–552. doi: 10.1089/cyber.2017.0295.
Gil de Zúñiga, H., Jung, N. & Valenzuela, S. (2012). Social media use for news and individuals' social capital, civic engagement and political participation. *Journal of Computer-Mediated Communication, 17* (3), 319–336. doi: 10.1111/j.1083-6101.2012.01574.x.
Gil de Zúñiga, H., Molyneux, L. & Zheng, P. (2014). Social Media, political expression, and political participation. Panel analysis of lagged and concurrent relationships. *Journal of Communication, 64* (4), 612–634. doi: 10.1111/jcom.12103.
Gillespie, T. (2014). The relevance of algorithms. In T. Gillespie, P. J. Boczkowski & K. A. Foot (Hrsg.), *Media technologies. Essays on communication, materiality, and society* (S. 167–194). Cambridge: MIT Press.
Granovetter, Mark S. (1973). The Strength of Weak Ties. *American Journal of Sociology, 78*(6), 1360–1380.
Gruzd, A., & Roy, J. (2014). Investigating Political Polarization on Twitter: A Canadian Perspective. *Policy & Internet, 6*(1), 28–45. Verfügbar unter http://onlinelibrary.wiley.com/doi/10.1002/1944-2866.POI354/full.
Habermas, Jürgen. (1981). *Theorie des kommunikativen Handelns. 2 Bände*. Frankfurt am Main: Suhrkamp.
Hagen, L. M., Au, A.-M. in der & Wieland, M. (2017). Polarisierung im Social Web und der intervenierende Effekt von Bildung: eine Untersuchung zu den Folgen algorithmischer Medien am Beispiel der Zustimmung zu Merkels „Wir schaffen das!". *kommunikation @ gesellschaft, 18*. Verfügbar unter http://nbn-resolving.de/urn:nbn:de:0168-ssoar-51503-4
Hagen, L. M., Wieland, M. & Au, A.-M. in der. (2017). Algorithmischer Strukturwandel der Öffentlichkeit. Wie die automatische Selektion im Social Web die politische Kommunikation verändert und welche Gefahren dies birgt. *Medien Journal, 41* (2), 127–143.
Haim, M., Graefe, A., & Brosius, H.-B. (2017). Burst of the Filter Bubble? *Digital Journalism*. doi:10.1080/21670811.2017.1338145.

Hart, W., Adams, J. M., Burton, K. A., Shreves, W. & Hamilton, J. C. (2012). Shaping reality vs. hiding from reality. Reconsidering the effects of trait need for closure on information search. *Journal of Research in Personality, 46* (5), 489–496. doi: 10.1016/j.jrp.2012.05.004

Hoffjann, O. & Arlt, H.-J. (2015). *Die nächste Öffentlichkeit.* Wiesbaden: Springer Fachmedien Wiesbaden.

Hölig, S. (2018). Eine meinungsstarke Minderheit als Stimmungsbarometer?! Über die Persönlichkeitseigenschaften aktiver Twitterer. *Medien & Kommunikationswissenschaft, 66* (2): 140–169.

Hölig, S. & Hasebrink, U. (2016). Nachrichtennutzung über soziale Medien im internationalen Vergleich. Ergebnisse des Reuters Institute Digital News Survey 2016. *Media Perspektiven* (11), 534–548. Verfügbar unter http://www.ard-werbung.de/fileadmin/user_upload/media-perspektiven/pdf/2016/11-2016_Hoelig_Hasebrink.pdf

Hölig, S. & Hasebrink, U. (2016). Nachrichtennutzung über soziale Medien im internationalen Vergleich. Ergebnisse des Reuters Institute Digital News Survey 2016. *Media Perspektiven* (11), 534–548.

Hutchby, I. (2001). Technologies, texts and affordances. *Sociology, 35* (2), 441–456. doi: 10.1017/S0038038501000219

Iyengar, S. & Hahn, K. S. (2009). Red media, blue media. Evidence of ideological selectivity in media use. *Journal of Communication, 59* (1), 19–39. doi: 10.1111/j.1460-2466.2008.01402.x.

Jarren, O. (2018). Kommunikationsrat für Facebook, Google & Co? Artikel vom 04.05.2018. Verfügbar unter https://www.schader-stiftung.de/themen/kommunikation-und-kultur/fokus/medien/artikel/kommunikationsrat-fuer-facebook-google-co/ (20.09.2018).

John, O. P., Naumann, L. P. & Soto, C. J. (2008). Paradigm shift to the integrative big five trait taxonomy. History, measurement, and conceptual issues. In O. P. John, R. W. Robins & L. A. Pervin (Eds.), *Handbook of personality. Theory and research* (3rd ed., pp. 114–158). New York, NY: Guilford Press.

Jomini Stroud, N. (2008). Media use and political predispositions. Revisiting the concept of selective exposure. *Political Behavior, 30* (3), 341–366. doi: 10.1007/s11109-007-9050-9.

Just, N. & Latzer, M. (2016). Governance by algorithms. Reality construction by algorithmic selection on the Internet. *Media, Culture & Society, 39* (2), 238–258. doi: 10.1177/0163443716643157.

Kalyanaraman, S. & Sundar, S. S. (2006). The Psychological Appeal of Personalized Content in Web Portals. Does Customization Affect Attitudes and Behavior? *Journal of Communication, 56* (1), 110–132. doi: 10.1111/j.1460-2466.2006.00006.x.

Kantar Media. (2016, 10. Oktober). *Brand and trust in a fragmented news environment. Qualitative research report.* Prepared for the Reuters Institute for the Study of Journalism. Verfügbar unter http://reutersinstitute.politics.ox.ac.uk/sites/default/files/research/files/Brand%2520and%2520trust%2520in%2520a%2520fragmented%2520news%2520environment.pdf

Kiefer, M. L. (1989). Medienkomplementarität und Medienkonkurrenz. Notizen zum weitgehend ungeklärten ‚Wettbewerbsverhältnis' der Medien. In M. Kaase & W. Schulz (Hrsg.), *Massenkommunikation. Theorien, Methoden, Befunde* (S. 337–350). Opladen: Westdeutscher Verlag.

Kiefer, M. L. (2001). *Medienökonomik. Einführung in eine ökonomische Theorie der Medien.* München: Oldenbourg.

Kim, Y., Chen, H.-T. & Gil de Zúñiga, H. (2013). Stumbling upon news on the Internet. Effects of incidental news exposure and relative entertainment use on political engagement. *Computers in Human Behavior, 29* (6), 2607–2614. doi: 10.1016/j.chb.2013.06.005.

Kleiner, Tuuli-Marja. (2016). Führt Polarisierung zu politischem Engagement? *Swiss Political Science Review, 22*(3), 353–384. doi: 10.1111/spsr.12215

Knobloch-Westerwick, S. & Meng, J. (2009). Looking the other way. Selective exposure to attitude-consistent and counterattitudinal political information. *Communication Research, 36* (3), 426–448. doi: 10.1177/0093650209333030

Knobloch-Westerwick, S., Carpentier, F. D., Blumhoff, A. & Nickel, N. (2005). Selective exposure effects for positive and negative news. Testing the robustness of the Informational Utility Model. *Journalism & Mass Communication Quarterly, 82* (1), 181–195. doi: 10.1177/107769900508200112.

Knobloch-Westerwick, S., Johnson, B. K. & Westerwick, A. (2015). Confirmation bias in online searches. Impacts of selective exposure before an election on political attitude strength and shifts. *Journal of Computer-Mediated Communication, 20* (2), 171–187. doi: 10.1111/jcc4.12105.

Koch, W. & Frees, B. (2017). ARD/ZDF-Onlinestudie 2017: Neun von zehn Deutschen online. *Media Perspektiven* (9), 434–446.

Koch, W. & van Eimeren, B. (2016). Dynamische Entwicklung bei mobiler Internetnutzung sowie Audios und Videos. Ergebnisse der ARD/ZDF-Onlinestudie. *Media Perspektiven* (9), 418–437.

Lee, A. M. & Chyi, H. I. (2015). The rise of online news aggregators. Consumption and competition. *International Journal on Media Management, 17* (1), 3–24. doi: 10.1080/14241277.2014.997383.

Lischka, K. & Stöcker, C. (2017). *Digitale Öffentlichkeit. Wie algorithmische Prozesse den gesellschaftlichen Diskurs beeinflussen*, Bertelsmann Stiftung. Verfügbar unter https://www.bertelsmann-stiftung.de/fileadmin/files/BSt/Publikationen/GrauePublikationen/Digitale_Oeffentlichkeit_final.pdf.

Loosen, W. & Scholl, A. (2017). Journalismus und (algorithmische) Wirklichkeitskonstruktion. Epistemologische Beobachtungen. *Medien & Kommunikationswissenschaft, 65* (2), 348–366. doi: 10.5771/1615-634X-2017-2-348.

Matthes, J., Knoll, J. & von Sikorski, C. (2017). The "Spiral of Silence" Revisited: A Meta-Analysis on the Relationship Between Perceptions of Opinion Support and Political Opinion Expression. Communication Research: 1–31. doi: 10.1177/0093650217745429.

McCombs, M. & Poindexter, P. (1983). The duty to keep informed. News exposure and civic obligation. *Journal of Communication, 33* (2), 88–96. doi: 10.1111/j.1460-2466.1983.tb02391.x.

Meirick, P. C. & Bessarabova, E. (2016). Epistemic factors in selective exposure and political misperceptions on the right and left. *Analyses of Social Issues and Public Policy, 16* (1), 36–68. doi: 10.1111/asap.12101

Mögerle, U. (2009). *Substitution oder Komplementarität? Die Nutzung von Online- und Print-Zeitungen im Wandel*. Konstanz: UVK.

Müller, J.-W. (2016). *Was ist Populismus? Ein Essay*. Berlin: Surkamp.

Müller, P. (2018). Social Media und Wissensklüfte – Nachrichtennutzung und politische Informiertheit junger Menschen. Wiesbaden, Springer VS.

Napoli, P. M. (2014). Automated Media. An Institutional Theory Perspective on Algorithmic Media Production and Consumption. *Communication Theory, 24* (3), 340–360. doi: 10.1111/comt.12039.

Negroponte, N. (1995). *Being digital.* New York: Knopf.

Neuberger, C. (2009). Internet, Journalismus und Öffentlichkeit. Analyse des Medienumbruchs. In C. Neuberger, C. Nuernbergk & M. Rischke (Hrsg.), *Journalismus im Internet. Profession, Partizipation, Technisierung* (S. 19–105). Wiesbaden: VS Verlag für Sozialwissenschaften.

Neuberger, C. (2014). Die Identität und Qualität des Journalismus im Internet aus der Sicht des Publikums. Ergebnisse einer Online-Befragung. In W. Loosen & M. Dohle (Hrsg.), *Journalismus und (sein) Publikum. Schnittstellen zwischen Journalismusforschung und Rezeptions- und Wirkungsforschung* (S. 229–251). Wiesbaden: Springer VS.

Newman, N., Fletcher, R., Kalogeropoulos, A., Levy, D. A. & Nielsen, R. K. (Hrsg.). (2017). *Reuters Institute Digital News Report 2017.* Verfügbar unter http://po.st/lfJFXh.

Newman, N., Fletcher, R., Kalogeropoulos, A., Levy, D.A.L. & Nielsen, R.K. (Hrsg.) (2018). Reuters Institute Digital News Report 2018. Verfügbar unter: http://media.digitalnewsreport.org/wp-content/uploads/2018/06/digital-news-report-2018.pdf.

Nguyen, A. & Western, M. (2006). The complementary relationship between internet and traditional mass media: The case of online news and information. *Information Research, 11* (3). Verfügbar unter http://www.informationr.net/ir/11-3/paper259.html

Niemi, R. G., Craig, S. C. & Mattei, F. (1991). Measuring internal political efficacy in the 1988 National Election Study. *The American Political Science Review, 85* (4), 1407. doi: 10.2307/1963953

Noelle-Neumann, E. (2001). *Die Schweigespirale. Öffentliche Meinung unsere soziale Haut* (6. erweiterte Neuauflage). München: Langen Müller.

Nyhan, B. & Reifler, J. (2010). When Corrections Fail: The Persistence of Political Misperceptions. *Political Behavior, 32* (2): 303–330.

Pariser, E. (2011). *The filter bubble. What the Internet is hiding from you.* London: Viking.

Pew Research Center. (2016). A Wider Ideological Gap Between More and Less Educated Adults. Political polarization update. Verfügbar unter http://www.people-press.org/2016/04/26/a-wider-ideological-gap-between-more-and-less-educated-adults/.

Poindexter, P. M. & McCombs, M. E. (2001). Revisiting the civic duty to keep informed in the new media environment. *Journalism & Mass Communication Quarterly, 78* (1), 113–126. doi: 10.1177/107769900107800108.

Pörksen, B. (2018). *Die große Gereiztheit: Wege aus der kollektiven Erregung*: München: Hanser.

Powers, E. (2017). My News Feed is Filtered? *Digital Journalism, 5* (10), 1315–1335. doi: 10.1080/21670811.2017.1286943.

Prochazka, F. (2019). *Vertrauen in Journalismus unter Online-Bedingungen* (unveröffentlichte Dissertationsschrift). Universität Hohenheim, Stuttgart.

Prochazka, F. & Schweiger, W. (2016). Medienkritik online. Was kommentierende Nutzer am Journalismus kritisieren. *Studies in Communication & Media, 5* (4), 454–469. doi: 10.5771/2192-4007-2016-4-454.

Prochazka, F., Weber, P., & Schweiger, W. (2018). Effects of civility and reasoning in user comments on perceived journalistic quality in known and unknown news brands. *Journalism Studies, 19*(1), 62–78. doi: 10.1080/1461670X.2016.1161497

Rammstedt, B., Kemper, C. J., Klein, M. C., Beierlein, C. & Kovaleva, A. (2014). *Big Five Inventory (BFI-10)* (Zusammenstellung sozialwissenschaftlicher Items und Skalen). doi: 10.6102/zis76

Riefler, K. (1996). Zeitungen Online – Chance oder Risiko. *Media Perspektiven* (10), 537–549.

Rojas, H. (2010). "Corrective" Actions in the Public Sphere: How Perceptions of Media and Media Effects Shape Political Behaviors. *International Journal of Public Opinion Research, 22* (3): 343–363.

Ross, Lee, Greene, David, & House, Pamela. (1977). The "false consensus effect": An egocentric bias in social perception and attribution processes. *Journal of Experimental Social Psychology, 13*(3), 279–301.

Ruß-Mohl, S. (2017). *Die informierte Gesellschaft und ihre Feinde: Warum die Digitalisierung unsere Demokratie gefährdet*. Köln: Von Halem.

Russo, S. & Amna, E. (2016). The personality divide. Do personality traits differentially predict online political engagement? *Social Science Computer Review, 34* (3), 259–277. doi: 10.1177/0894439315582487

Sachse, K. & Bernhard, U. (2016). Traditionelle, partizipative und technische Selektion – welche Informationen bekommt man auf welchem Weg? Das Beispiel des ‚Euromaidan'. In P. Henn & D. Frieß (Hrsg.), *Politische Online-Kommunikation: Voraussetzungen und Folgen des strukturellen Wandels der politischen Kommunikation*. (Digital Communication Research, S. 281–301). Berlin. Verfügbar unter https://www.ssoar.info/ssoar/handle/document/48460.

Schlink, S. & Walther, E. (2007). Kurz und gut. Eine deutsche Kurzskala zur Erfassung des Bedürfnisses nach kognitiver Geschlossenheit. *Zeitschrift für Sozialpsychologie, 38* (3), 153–161. doi: 10.1024/0044-3514.38.3.153

Schmidt, J.-H., Merten, L., Hasebrink, U., Petrich, I., & Rolfs, A. (2017). Zur Relevanz von Online-Intermediären für die Meinungsbildung. Arbeitspapiere des Hans-Bredow-Instituts Nr. 40. Verfügbar unter https://www.hans-bredow-institut.de/uploads/media/default/cms/media/67256764e92e34539343a8c77a0215bd96b35823.pdf.

Schröder, J. (2017). *IVW-News-Top-50: upday und bento wachsen gegen den Trend, stern und tz verlieren massiv*. Verfügbar unter http://meedia.de/2017/03/08/ivw-news-top-50-upday-und-bento-wachsen-gegen-den-trend-stern-und-tz-verlieren-massiv/.

Schultz, T., Jackob, N., Ziegele, M., Quiring, O. & Schemer, C. (2017). Erosion des Vertrauens zwischen Medien und Publikum? Ergebnisse einer repräsentativen Bevölkerungsumfrage. *Media Perspektiven* (5), 246–259. Verfügbar unter http://www.ard-werbung.de/fileadmin/user_upload/media-perspektiven/pdf/2017/0517_Schultz_Jackob_Ziegele_Quiring_Schemer.pdf

Schweiger, W. (2005). Gibt es einen transmedialen Nutzungsstil? Theoretische Überlegungen und empirische Hinweise. *Publizistik, 50* (2), 173–200.

Schweiger, W. (2006). Transmedialer Nutzungsstil und Rezipientenpersönlichkeit. Theoretische Überlegungen und empirische Hinweise. *Publizistik, 51* (3), 290–312.

Schweiger, W. (2007). *Theorien der Mediennutzung. Eine Einführung*: VS Verlag für Sozialwissenschaften.

Schweiger, W. (2017). *Der (des)informierte Bürger im Netz. Wie soziale Medien die Meinungsbildung verändern*. Wiesbaden: Springer.

Schweiger, W. & Quiring, O. (2007). User-Generated Content auf massenmedialen Websites – eine Spielart der Interaktivität oder etwas völlig anderes. In M. Friedrichsen, W. Mühl-Benninghaus & W. Schweiger (Hrsg.), Neue Technik, neue Medien, neue

Gesellschaft? Ökonomische Herausforderungen der Onlinekommunikation (S. 97–120). München: Reinhard Fischer.

Shenhav, A., Rand, D. G. & Greene, J. D. (2017). The relationship between intertemporal choice and following the path of least resistance across choices, preferences, and beliefs. *Judgment and Decision Making, 12* (1), 1–18.

Slater, M. D. (2007). Reinforcing Spirals. The mutual influence of media selectivity and media effects and their impact on individual behavior and social identity. *Communication Theory, 17* (3), 281–303. doi: 10.1111/j.1468-2885.2007.00296.x.

Stark, B., Magin, M. & Jürgens, P. (2017). Ganz meine Meinung? Informationsintermediäre und Meinungsbildung – Eine Mehrmethodenstudie am Beispiel von Facebook. (LfM-Dokumentation, Bd. 55). Verfügbar unter http://lfmpublikationen.lfm-nrw.de/index.php?view=product_detail&product_id=492

Strömbäck, J., Djerf-Pierre, M. & Shehata, A. (2013). The Dynamics of Political Interest and News Media Consumption. A Longitudinal Perspective. *International Journal of Public Opinion Research, 25* (4), 414–435. doi: 10.1093/ijpor/eds018

Stroud, Natalie J. (2010). Polarization and partisan selective exposure. *Journal of Communication, 60*, 556–576.

Sundar, S. S. & Marathe, S. S. (2010). Personalization versus Customization. The Importance of Agency, Privacy, and Power Usage. *Human Communication Research, 36* (3), 298–322. doi: 10.1111/j.1468-2958.2010.01377.x.

Sunstein, C. R. (2008). Neither Hayek nor Habermas. Public Choice, 134 (1-2), 87–95. doi: 10.1007/s11127-007-9202-9.

Svensson, M. (2000). *Defining and designing social navigation*. Stockholm: Stockholm University Press.

Ter Hoeve, M., Heruer, M., Odijk, D., Schuth, A., Spitters, M. & Rijke, M. de. (2017, August). *Do News Consumers Want Explanations for Personalized News Rankings?* Como, Italien. doi: 10.18122/B24D7N

Tewksbury, D. & Riles, J.M. (2015). Polarization as a Function of Citizen Predispositions and Exposure to News on the Internet. *Journal of Broadcasting & Electronic Media, 59*(3), 381–398. doi: 10.1080/08838151.2015.1054996.

Tewksbury, D. & Rittenberg, J. (2012). *News on the internet. Information and citizenship in the 21st century*. Oxford: Oxford University Press.

Thomassen, J. (2001). *European Social Survey Core Questionnaire Development – Chapter 5: Opinions about Political Issues*. (European Social Survey, Hrsg.). London: City University London. Verfügbar unter http://www.europeansocialsurvey.org/docs/methodology/core_ess_questionnaire/ESS_core_questionnaire_political_issues.pdf

Thurman, N. & Schifferes, S. (2012). The future of personalization at news websites. *Journalism Studies, 13* (5-6), 775–790. doi: 10.1080/1461670X.2012.664341.

Trilling, D. & Schoenbach, K. (2013). Skipping current affairs. The non-users of online and offline news. *European Journal of Communication, 28* (1), 35–51. doi: 10.1177/0267323112453671

Trilling, D., van Klingeren, M. & Tsfati, Y. (2017). Selective Exposure, Political Polarization, and Possible Mediators: Evidence from the Netherlands. *International Journal of Public Opinion Research, 29* (1): 189–213.

Tsfati, Y. (2016). A new measure for the tendency to select ideologically congruent political information. Scale development and validation. *International Journal of Communication, 10*, 200–225.

Tsfati, Y. & Chotiner, A. (2016). Testing the Selective Exposure-Polarization Hypothesis in Israel Using Three Indicators of Ideological News Exposure and Testing for Mediating Mechanisms. *International Journal of Public Opinion Research, 28*(1), 1–24. doi: 10.1093/ijpor/edv001.

Tsfati, Y. Stroud, N.J., & Chotiner, A. (2014). Exposure to ideological news and perceived opinion climate: Testing the media effects component of spiral-of-silence in a fragmented media landscape. *International Journal of Press-Politics, 19*, 3–23.

Van Deth, J. W. (2013). Politisches Interesse. In J. W. van Deth & M. Tausendpfund (Hrsg.), *Politik im Kontext: Ist alle Politik lokale Politik?* (S. 271–296). Wiesbaden: Springer Fachmedien Wiesbaden. doi: 10.1007/978-3-531-19249-9_10

Van Eimeren, B., Simon, E. & Riedl, A. (2017). Medienvertrauen und Informationsverhalten von politischen Zweiflern und Entfremdeten. Analysen auf Basis der Studie „Medien als Träger politischer Information" („Medien und ihr Publikum") 2017 und der BR-Studie „Informationen fürs Leben" 2016. *Media Perspektiven* (11), 538–554. Verfügbar unter http://www.ard-werbung.de/fileadmin/user_upload/media-perspektiven/pdf/2017/1117_van-Eimeren_Simon_Riedl.pdf

Vermeir, I. & Geuens, M. (2008). Need for closure and media use and preference of young adults. In A. Y. Lee & D. Soman (Hrsg.), *ACR07 Memphis. Advances in consumer research* (Advances in consumer research, Bd. 35, S. 873–874). Duluth, Minn.: Association for Consumer Research.

Vīķe-Freiberga, V., Däubler-Gmelin, H., Hemmersley, B., & Poiares Pessoa Maduro, L. M. (2013). *A free and pluralistic media to sustain European democracy. The Report of the High Level Group on Media Freedom and Pluralism.* Verfügbar unter https://ec.europa.eu/digital-single-market/sites/digital-agenda/files/HLG%20Final%20Report.pdf.

Voigt, J. (2016). *Nachrichtenqualität aus Sicht der Mediennutzer. Wie Rezipienten die Leistung des Journalismus beurteilen können.* Wiesbaden: Springer Fachmedien.

Vosoughi, S., Roy, D., & Aral, S. (2018). The spread of true and false news online. *Science, 359*, 116–1151.

Vreese, C. H. de & Neijens, P. (2016). Measuring Media Exposure in a Changing Communications Environment. *Communication Methods and Measures, 10* (2-3), 69–80. doi: 10.1080/19312458.2016.1150441

Weber, P., Prochazka, F., & Schweiger, W. (2017). Why User Comments Affect the Perceived Quality of Journalistic Content. The Role of Judgment Processes. *Journal of Media Psychology.* doi: 10.1027/1864-1105/a000217.

Webster, D. M. & Kruglanski, A. W. (1994). Individual differences in need for cognitive closure. *Journal of Personality and Social Psychology, 67* (6), 1049–1062. doi: 10.1037/0022-3514.67.6.1049

Westerwick, A. (2013). Effects of sponsorship, web site design, and Google ranking on the credibility of online information. *Journal of Computer-Mediated Communication, 18* (2), 80–97. doi: 10.1111/jcc4.12006

Williams, D. (2006). Virtual Cultivation: Online Worlds, Offline Perceptions. *Journal of Communication, 56*: 69–87.

Winter, S., Metzger, M. J. & Flanagin, A. J. (2016). Selective use of news cues. A multiple-motive perspective on information selection in social media environments. *Journal of Communication, 66* (4), 669–693. doi: 10.1111/jcom.12241

Yardi, Sarita, & boyd, danah m. (2010). Dynamic Debates: An Analysis of Group Polarization Over Time on Twitter. *Bulletin of Science,Technology & Society, 30*(5), 316–327.

YouGov (2017). *Politisches Informationsverhalten der Deutschen. Nutzung traditioneller und neuer Medien bei der Suche nach politischen Informationen.* Verfügbar unter http://campaign.yougov.com/DE_2017_Informationsverhalten_der_Deutschen_Landingpage.html.

Zick, A. & Küpper, B. (2015). Volkes Stimme? Rechtspopulistische Überzeugungen der Mitte. *APuZ, 65,* 9–16. Verfügbar unter http://www.bpb.de/apuz/212353/rechtspopulistische-ueberzeugungen-der-mitte.

Zollo, F, Bessi, A., Del Vicario, M., Scala, A., Caldarelli, G., Shekhtman, L., & Quattrociocchi, W. (2015). Debunking in a World of Tribes. Verfügbar unter http://arxiv.org/abs/1510.04267.

The manufacturer's authorised representative in the EU is Springer Nature Customer Service Centre GmbH, Europaplatz 3, 69115 Heidelberg, Germany. If you have any concerns regarding our products, please contact ProductSafety@springernature.com

Printed and bound by CPI Group (UK) Ltd, Croydon, CR0 4YY
23/03/2026
02076396-0011